W0033803

Achim Werner
Jens Dummer

Steinzeit –
Mahlzeit

Von den ersten Bauern bis Ötzi

Mit 55 neuen Rezepten
vom 5-Steine-Koch

Unseren Vätern

Bildnachweis:
Wildpflanzen: Wilfried Eckstein
Rezepte: Achim Werner
Zeichnungen: Jens Dummer

Bibliografische Information der Deutschen Nationalbibliothek
Die Deutsche Nationalbibliothek verzeichnet diese Publikation
in der Deutschen Nationalbibliografie; detaillierte bibliografische
Daten sind im Internet über http://dnb.d-nb.de abrufbar.

Umschlaggestaltung: Stefan Schmid, Stuttgart, und David Eichler nach
einem Entwurf von Jens Dummer und Achim Werner

© 2013 Konrad Theiss Verlag GmbH, Stuttgart
Lektorat: Karin Haller, Stuttgart
Druck und Bindung: Offizin Andersen Nexö Leipzig GmbH, Zwenkau

Gedruckt auf säurefreiem und alterungsbeständigem Papier
Printed in Germany
ISBN 978-3-8062-2580-8
Besuchen Sie uns im Internet www.theiss.de

Inhalt

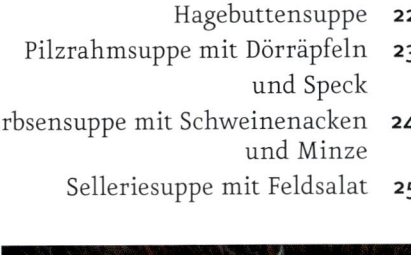

Vorwort

Nicht ohne Grund gilt die Jungsteinzeit (Neolithikum, ca. 5800–2500 v. Chr.) als eine der wichtigsten Epochen in der Menschheitsgeschichte, in der Fachliteratur spricht man deshalb auch von einer „Neolithischen Revolution". Gemeint ist damit wohl vor allem die Änderung der Lebens- und Wirtschaftsweisen der steinzeitlichen Menschen von umherstreifenden Jägern und Sammlern zu sesshaften Ackerbauern und Viehzüchtern. Der Ursprung dieser Entwicklung begann ca. 9000–8000 Jahren v. Chr. im Vorderen Orient (heutige südöstliche Türkei, Syrien, Libanon, Israel) und hat sich von dort aus auf unterschiedlichen Wegen über Europa ausgebreitet.

Diese „Einwanderer" brachten neben ihren Haustieren auch die Kenntnisse über Feld- und Ackerbau sowie entsprechende Kulturpflanzen mit. Sie rodeten den Wald für ihre Siedlungen und Felder, bauten große Wohnhäuser, hatten besondere Techniken zur Fertigung von Werkzeugen entwickelt und waren dazu in der Lage, aus Ton feuerfeste Keramikgefäße herzustellen. Diese Gefäße waren teilweise flächendeckend farbig gestaltet und mit eingeritzten bandartigen Mustern verziert; deshalb bezeichnen die Archäologen diese frühe Kulturgruppe der Jungsteinzeit als „Bandkeramik". Erst jetzt kann man auch – küchentechnologisch gesehen – bei der Zubereitung warmer Speisen von „Kochen" sprechen, bei früheren Garmethoden von Lebensmitteln, z. B. mit heißen Steinen in Erdgruben, handelte es sich eher um ein schwer kontrollierbares Erhitzen.

Die Vielfalt jungsteinzeitlicher Gefäßformen belegt, dass Keramikgefäße nicht nur zum Kochen, sondern auch als Speise- und Trinkgeschirr sowie als Transport- und Vorratsbehältnisse genutzt wurden.

Somit ergaben sich auch neue Konservierungsmöglichkeiten für Lebensmittel, z. B. das „sauer Einlegen" mit Obstessig, längerfristiges Einlagern von getrockneten Hülsenfrüchten und Getreide sowie das Pökeln von Fleisch und Fisch mit Salz, das wohl schon länger bekannt war, nun aber erstmals zu diesem Zweck im größeren Maße genutzt werden konnte. Weiterhin wurden sicherlich traditionelle Verfahren zur

Haltbarmachung wie Lufttrocknung und Räuchern angewendet. Im Wirtschaftsbereich außerhalb der Wohnhäuser fanden sich zudem große, ins Erdreich eingetiefte kegelstumpfförmige Gruben, die zur Lagerung von Getreide bzw. Saatgut dienten. Als Getreidearten wurden Emmer, Einkorn, Dinkel, Gerste und Weizen angebaut, weitere Kulturpflanzen waren Lein, Mohn, Erbsen, Linsen und Bohnen. Der archäologische Nachweis von Kuppelbacköfen unterschiedlicher Bauart belegt nicht nur das Backen hochlaibiger Brote, sondern legt nahe, dass diese Öfen auch für andere Zwecke, wie das Darren von Getreide, Trocknen von Früchten und Pilzen oder zur Zubereitung von Speisen, wie z. B. Auflaufgerichten, genutzt wurden.

Ein wesentlicher Bestandteil jungsteinzeitlicher Ernährungsgrundlagen neben Feld- und Ackerbau war die Viehzucht. Rind, Schwein, Schaf und Ziege deckten nicht nur den Bedarf an Fleisch, sondern ermöglichten auch die Herstellung von Milchprodukten (wobei das Schwein als Milchlieferant wohl eher nicht in Frage kommt). Anthropologische und molekularbiologische Untersuchungen neolithischer Skelettfunde weisen darauf hin, dass die Menschen dieser Zeit laktoseintolerant waren, also nicht fähig, Rohmilch problemlos zu verdauen. Völkerkundliche Beobachtungen bei Populationen, die unter vergleichbaren Umständen leben und ebenfalls laktoseintolerant sind, zeigen jedoch, dass Produkte aus Rohmilch wie Käse, Joghurt, saure Sahne etc. durchaus hergestellt und verzehrt werden. Die Debatte darüber, ob z. B. „Ötzi" oder seine Zeitgenossen „euterwarme" Milch oder einen „Almkäse" verzehrt haben können, ist für uns und dieses Kochbuch deshalb unerheblich.

Wissenschaftlich unumstritten ist, dass die jungsteinzeitlichen Menschen trotz aller Ernährungsengpässe, verursacht durch Missernten, Viehseuchen, Kriege und Umweltkatastrophen, Überlebensstrategien entwickelt haben, von denen wir heute noch profitieren. Neben den Erträgen aus der Landwirtschaft gehörten häufig auch Jagd, Fischwaid oder Sammeln von Wildfrüchten, Kräutern, Pilzen, Mollusken und Kleingetier zum Nahrungserwerb und bildeten eine willkommene Abwechslung auf dem Speisezettel, der sicherlich sehr vielseitig und schmackhaft war.

Da sich die Epoche der Jungsteinzeit über mehrere Jahrtausende erstreckt, gab es sowohl regional als auch zeitlich gesehen enorme Unterschiede in den jeweiligen Ernährungsmöglichkeiten, weshalb wir unter Berücksichtigung des aktuellen Forschungsstandes versuchen, uns mit unseren Rezeptvorschlägen der historischen Realität anzunähern.

Da aus der Jungsteinzeit keine Schriftquellen, geschweige denn Kochbücher überliefert sind, helfen uns bei diesem Vorhaben nur die Interpretation archäologischer Funde und Befunde sowie naturwissenschaftliche Untersuchungsmethoden. Dazu gehören u. a. Pollenanalyse, Archäobotanik und Archäozoologie. Mittels der Pollenanalyse werden in Erdproben erhaltene Pflanzenpollen bestimmt, die eine Rekonstruktion der jeweils herrschenden Umwelt- und Klimabedingungen sowie Einblicke in die damalige Pflanzenwelt erlauben. Weitere Informationen zu Wild- und Kulturpflanzen liefert die Archäobotanik, die sich mit der Untersuchung pflanzlicher Makroreste beschäftigt. Die Archäozoologie wiederum bestimmt Tierknochenfunde aus archäologischen Fundschichten und gibt damit Hinweise hinsichtlich der Fauna, speziell aber auch zu Wildtieren und deren domestizierten Formen. Chemische Analysen von Gefäßinhalten oder Anhaftungen von Keramikscherben helfen, die ehemaligen Inhaltsstoffe wie Fette usw. zu identifizieren.

Die Anwendungsmöglichkeiten und damit verbundene Aussagekraft dieser Methoden ist allerdings immer abhängig von den jeweiligen Erhaltungsbedingungen des Untersuchungsmaterials, was vor allem durch die jeweiligen Bodenverhältnisse an den Fundstellen und den Ausgrabungsumständen nachhaltig beeinflusst wird.

Eine sinnvolle Ergänzung für archäologische Rekonstruktionsversuche, auch im Bereich prähistorischer Ernährung, stellt die Experimentelle Archäologie dar, mit deren Hilfe systematisch und unter kontrollierten Bedingungen archäologische Hypothesen überprüft werden können, wobei die Versuchsergebnisse eine entsprechende Hypothese bestenfalls widerlegen, niemals jedoch verifizieren können.

Erläuterungen
zu den Rezepten

Natürlich können wir jungsteinzeitliche Speisen und Getränke in ihrer Zusammensetzung nicht eindeutig rekonstruieren, aber wir haben unter Berücksichtigung der archäologischen und naturwissenschaftlichen Erkenntnisse versucht, Rezepturen zu entwickeln, die die Gaumenfreuden der Jungsteinzeit auch heutigen Menschen „nachschmeckbar" machen. Bei der Zusammenstellung der Zutaten mussten wir beachten, dass viele Nahrungsmittel auf Grund der eingeschränkten Konservierungsmöglichkeiten während der Jungsteinzeit nur saisonal zur Verfügung standen und somit eine gleichzeitige Verwendung von z. B. Bärlauch und Himbeeren ausgeschlossen ist. Auch haben wir vermieden, Zutaten, deren Herkunftsgebiete sehr weit auseinanderliegen, in einer Rezeptur zusammenzufügen.

Die Zubereitung der in diesem Buch zu findenden Speisen und Getränke ist problemlos sowohl auf offenem Feuer, Holzkohlegrill oder in nachgebauten Kuppelbacköfen aus Lehm als auch mit heutigen Küchengeräten realisierbar. Die angegebenen Kochtemperaturen und Garzeiten gelten für moderne Gas- und Elektroherde. Um diese Angaben möglichst exakt zu ermitteln und ein geschmacklich gutes Resultat zu erzielen, haben wir jede Rezeptur mindestens dreimal getestet. Bei den Grillgerichten wurde allerdings meistens auf die Angabe von Garzeiten verzichtet, da die verschiedenen Grillgeräte unterschiedliche Temperaturen entwickeln und ja auch äußerst individuell gehandhabt werden. Hier gilt – wie so oft in der Küche: Versuch macht klug. Und in diesem Fall auch (hoffentlich) genussvoll satt. Apropos satt: Sofern nicht ausdrücklich anders angegeben, haben wir von der Zutatenmenge stets Gerichte für vier Personen konzipiert, da es beim Essen unserer Meinung nach nicht nur um Nahrungsaufnahme, sondern auch um Kommunikation und ums „Miteinander" geht.

Sollte dem einen oder anderen „Nachkoch" die Zutatenkombination oder Zubereitungsart einiger Gerichte als zu raffiniert oder aufwändig erscheinen, so weisen wir darauf hin, wie oft durch neue Funde und den daraus folgenden wissenschaftlichen Erkenntnissen in den letzten Jahren die vorherrschende Meinung bezüglich der „Primitivität" unserer Vorfahren erheblich korrigiert werden musste. Warum sollten sie – zumindest bei entsprechenden Anlässen – in ihrer Kochkunst weniger Aufwand und Liebe zum Detail entwickelt haben, als sie diese sogar für ästhetisch verzierte Alltagsgegenstände – besonders Keramikgefäße – verwendet haben, ohne dass dies einen technisch erforderlichen Zweck erfüllte. Merke: Geschmack beweist sich nicht nur auf dem Gefäß!

Auch in diesem Kochbuch haben wir besonderen Wert darauf gelegt, keinerlei Zutaten von Tieren oder Pflanzen zu verwenden, die mittlerweile vom Aussterben bedroht sind und deshalb völlig zu Recht unter Artenschutz stehen. Im Falle von ungewöhnlichen oder schwierig zu beschaffenden Zutaten weisen wir auf geeignete Alternativen hin. Da viele Rezepte auf der Verwendung von Wildpflanzen und deren Früchten basieren, die nicht allen Lesern bekannt sein werden, bieten wir im Anschluss an den Rezeptteil eine „Bestimmungshilfe für Wildpflanzen" an. Aus Sicherheitsgründen, um Verwechslungen mit giftigen Pflanzen eindeutig ausschließen zu können, raten wir aber ausdrücklich dazu, beim Pflanzensammeln ein zuverlässiges Bestimmungsbuch zu nutzen. Prinzipiell sollten Wildpflanzen immer nur an Orten gesammelt werden, die nicht durch Verunreinigungen wie z. B. tierische oder menschliche Ausscheidungen in Form von Kot oder Urin, Müllablagerungen, Beeinträchtigungen durch den Straßenverkehr, Düngemitteln, Schädlingsbekämpfungsmitteln oder anderen Schadstoffen belastet sind. Eine Gefährdung durch die Eier des sogenannten Kleinen Fuchsbandwurms (*Echinococcus multilocularis*) ist sicherlich nicht auszuschließen. Bislang wurde er allerdings selten nachgewiesen, vermutlich auch darum, weil die Inkubationszeit im menschlichen Körper bis zu zehn Jahren beträgt. Leider ist es beim Auftreten der ersten Symptome dann zu spät für eine erfolgreiche Therapie, deshalb empfehlen wir als zuverlässigen Schutz, die Pflanzen vor dem Verzehr mit sehr heißem Wasser kurz abzubrühen, da die Parasiteneier bei Temperaturen über 60 Grad absterben und damit nicht mehr infektiös sind.

Im Sinne des Naturschutzes und der Arterhaltung sollte man nur Pflanzen sammeln, die an ihrem Standort in größeren Mengen vorkommen, so dass eine nachhaltige Schädigung des Bestandes ausgeschlossen ist. Da sicherlich niemand welke, verschmutzte oder von Schädlingen befallene und somit gesundheitsgefährdende Wildkräuter verzehren möchte, versteht es sich von selbst, diese in der Natur zu belassen, wo sie immer noch ihren Zweck erfüllen.

Bevorzugt sollten junge Triebe, Blätter und Sprossen vor der Blütezeit verwendet werden, danach kann Einlegen oder Abkochen in Milch den Pflanzen unliebsame Bitterstoffe entziehen. Frische Wildkräuter stehen nur saisonal zur Verfügung, die meisten können aber durch Trocknen, Einlegen in Öl oder Essig oder Einfrieren konserviert werden. Bei Verwendung getrockneter Kräuter gilt im Normalfall die Faustregel, dass ein Teelöffel (TL) getrockneter Kräuter etwa einem Esslöffel (EL) frischer Kräuter (fein gehackt) entspricht. Mittlerweile sind viele Wildkräuter sowohl frisch als auch konserviert in Bioläden oder Reformhäusern erhältlich und damit eine Entnahme aus der Natur vermeidbar.

Darüber hinaus haben wir bei unseren Kochversuchen festgestellt, dass es durchaus möglich ist, ersatzweise kultivierte Küchenkräuter wie z. B. Petersilie oder Schnittlauch zu verwenden. Grundsätzlich gilt aber, dass viele der heute angebauten Kulturpflanzen einem Vergleich mit ihren wild wachsenden Verwandten hinsichtlich der Wertigkeit ihrer Inhaltsstoffe nicht oder nur bedingt standhalten. Die meisten Wildpflanzen sind würziger, ärmer an Wasser, eiweiß- sowie vitaminreicher und damit wesentlich gesünder. Trotzdem empfehlen wir unseren Lesern, ihrer Experimentierfreudigkeit freien Lauf zu lassen, also auch kultivierte Würzkräuter zu verwenden und eigene, neue Geschmackserlebnisse auf Basis der von uns nachempfundenen Rezepte zu entwickeln.

Hierbei wünschen wir viel Spaß und Erfolg, vor allem aber einen „Guten Appetit"!

Vorspeisen

Wir wissen nicht, ob die Menschen der Jungsteinzeit ihre Mahlzeiten in einer bestimmten Reihenfolge gegliedert haben, also in Vorspeise, Hauptgang und Nachspeise, wie wir es heute gewohnt sind. Vermutlich gab es „mehrgängige Menüs" nur in Abhängigkeit von bestimmten Faktoren wie guten Ernteergebnissen, außergewöhnlichen Erfolgen bei der Zucht von Schlachtvieh oder saisonal bedingt hohen Erträgen aus Jagd, Fischfang und Sammeln von Wildgemüse, Kräutern, Früchten usw. Auf Grund völkerkundlicher Vergleiche ist anzunehmen, dass beim Sammeln von Pflanzen, Früchten, Nüssen, Pilzen, Schalentieren u. Ä. zunächst ein Teil des Sammelgutes zum sofortigen Stillen des Hungers genutzt wurde und erst danach die weitere „Beute" zur Zubereitung einer Mahlzeit in die Siedlung gebracht wurde. Ebenso naheliegend erscheint es, dass die jungsteinzeitlichen Menschen nach einer erfolgreichen Jagd zunächst einmal die leicht verderblichen Innereien des Wildes sozusagen als „Vorspeise" direkt roh verzehrt haben. Da die Konservierungsmöglichkeiten sehr begrenzt waren, wurden die meisten Lebensmittel wahrscheinlich frisch zubereitet, zumal auch der Schutz vor Schädlingen sicherlich problematisch war. Milchprodukte wie Frischkäse, Sauerrahm und Quark könnten in Kombination mit Wildkräutern oder Beeren ebenso wie Wassernüsse und Meeresfrüchte den Appetit auf das eigentliche Mahl gesteigert haben.

Ein archäologischer Nachweis für „Vorspeisen" in der jungsteinzeitlichen Esskultur ist allerdings nicht möglich. Die Funde kleinerer Gefäße aus Holz oder Keramik, die teilweise sehr aufwändig verziert sind, legen jedoch nahe, dass sie einem besonderen Zweck dienten – vielleicht doch für Vorspeisen?

Wildkräuter**quark**

250 g **Quark**
25 g **Leinsamen** (geschrotet)
10 g **Löwenzahn**
5 g **Dost** (ersatzweise Oregano)
1 TL **Leinöl**
Salz

oder

250 g **Quark**
15 g **Ackersenfsamen** (geschrotet)
5 g **Fenchel**
5 g **Sauerampfer**
1 TL **Leinöl**
Salz

oder

250 g **Quark**
10 g **Wiesenkerbel**
2 g **Minze**
1 TL **Leinöl**
Salz

Zubereitung: Die Kräuter waschen, grob hacken und mit den jeweiligen weiteren Zutaten unter den Quark mischen, ca. 10–15 Minuten ziehen lassen und dann auf gerösteten Brotscheiben oder Fladen anrichten.

600 g **Schafskäse**
10 g **Dost**
(ersatzweise Oregano)
10 g **Wiesenkerbel**
10 g **Schafgarbe**
0,5 l **Leinöl**

Da Leinöl ein unraffiniertes, kalt gepresstes Öl ist, sollte der darin eingelegte Schafskäse kühl und dunkel gelagert werden. Nach dem Verzehr des Käses kann die Wildkräuter-Leinöl-Mischung noch als Marinade für Grillfleisch verwendet werden.

Zubereitung: Schafskäse in mundgerechte Würfel schneiden, mit grob gehackten Kräutern und Leinöl mischen, anschließend in einem geschlossenen Gefäß 8–10 Tage ziehen lassen. Bei entsprechender Lagerung ist der eingelegte Schafskäse 3–4 Wochen haltbar.

Schafskäse
in Wildkräuteröl

Für 20–25 Ziegenkäsebällchen:

600 g **Ziegenfrischkäse**
10 g **Schafgarbe**
30 g **Wiesenkerbel**
15 g **Dost** (ersatzweise Oregano)
0,1 l **Leinöl**

Zubereitung: Kräuter waschen und grob hacken, mit Leinöl und Ziegenkäse mischen und zu einer homogenen Masse kneten. Danach für 24 Stunden kühl lagern, noch mal kräftig durchkneten und anschließend zu Bällchen von 3–4 cm Durchmesser formen.

Schafgarbe eignet sich hervorragend als Gewürz bei der Zubereitung stark fetthaltiger Speisen. Angeblich wurde sie früher auch beim Bierbrauen als Ersatz für Hopfen verwendet.

Ziegenkäsebällchen
mit Wildkräutern

Geröstete Wassernüsse
im Speckmantel
mit Brombeersoße

24	**Wasserkastanien** (Asia-Shop)
24 Scheiben	**Räucherspeck**
500 g	**Brombeeren**
6–8 EL	**Apfelessig**
150 g	**Butter**

Die Wassernuss (Trapa natans) steht mittlerweile auf der Roten Liste der vom Aussterben bedrohten Pflanzen, deshalb werden in diesem Rezept ersatzweise Wasserkastanien verwendet.

Zubereitung: Die Wasserkastanien in Butter anbräunen, abkühlen lassen und dann mit Speckstreifen umwickeln, diese Päckchen jeweils mit einem Zahnstocher fixieren und anschließend zusammen mit zerdrückten Brombeeren und Apfelessig in dem verbliebenen Butterfond unter mehrfachen Wenden ca. 4–6 Minuten bei mittlerer Hitze garen.

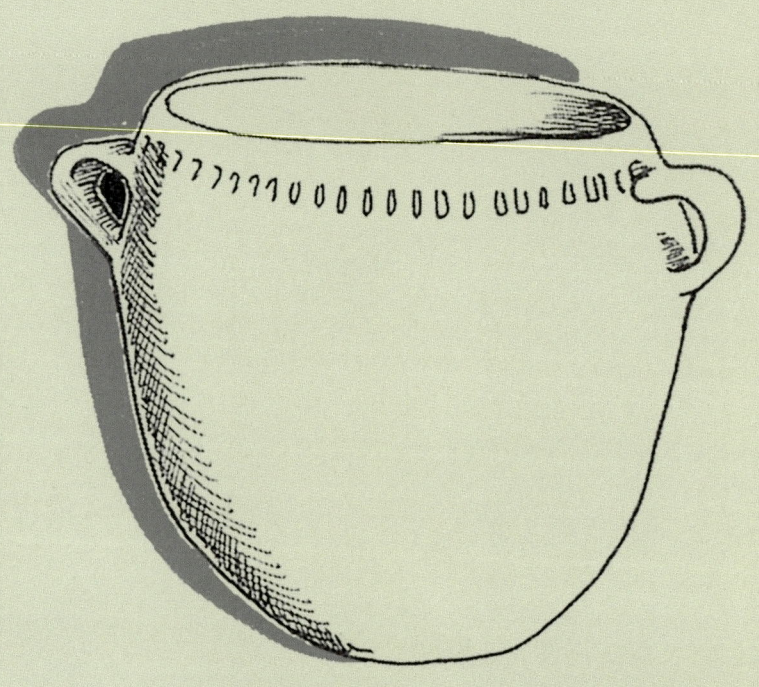

Suppen

In vielen Kulturen galten und gelten Suppen als Basisgerichte oder sogar als Hauptspeisen. Die heutige Küche definiert den Begriff „Suppe" als flüssige bis dünnbreiige, warme, kalte, salzige oder süße Speise, die als Vorspeise, Zwischengang oder Dessert serviert werden kann. Man unterscheidet zwischen klaren und gebundenen Suppen, die aber alle auf Grundlage von Brühen aus Fleisch, Geflügel, Fisch oder Gemüse bzw. Kräutern basieren. Eine Sonderrolle spielen süße Suppen aus Früchten und Milch bzw. Fruchtsäften.

Es ist anzunehmen, dass in der Jungsteinzeit, wie auch heute noch durchaus üblich, Reste von Mahlzeiten, z. B. von Eintopfgerichten, mit Wasser oder anderen Flüssigkeiten aufgegossen und zu Suppen verarbeitet wurden. Vermutlich stand immer ein größerer Kochtopf in der Glut einer Feuerstelle zur Verwertung von Speiseresten oder überschüssigen Nahrungsmitteln, die ohne Kochen verdorben wären. Gerade in kälteren Jahreszeiten war dies sinnvoll und in Notzeiten mit Nahrungsengpässen unumgänglich.

Als Grundlage der Suppenzubereitung standen vor allem Getreidearten wie Emmer, Einkorn, Dinkel, Gerste, Weizen und Hirse zur Verfügung, denen Wildgemüse, Fleisch oder Fisch zugefügt werden konnte. Gewürzt wurde wahrscheinlich überwiegend mit Honig und Kräutern, da Salz zu dieser Zeit nur bedingt verfügbar war. Mögliche Suppeneinlagen waren u. a. Hülsenfrüchte wie Erbsen und Linsen sowie Pilze, Muscheln, Schnecken oder Wildfrüchte.

Insgesamt kann man so von einer effektiven „Resteverwertung" ausgehen, die, wie bei der Zubereitung anderer Speisen auch, stark saisonal geprägt war, aber trotzdem sehr schmack- und nahrhaft sein konnte.

250 g **Hagebuttenschalen**
(getrocknet)
2–3 **Äpfel**
0,8 l **Wasser**
2–3 EL **Honig**

Hagebutten enthalten sehr viel
Vitamin C. Die Schalen der reifen Früchte
können im Herbst auch frisch verwendet
werden; getrocknete Hagebutten sind im
Reformhaus oder Biohandel erhältlich.

 Zubereitung: Hagebuttenschalen in
einem Sieb unter fließendem Wasser
gründlich säubern und in 0,8 l Wasser
10–12 Stunden einweichen. Die Äpfel
entkernen, in kleine Würfel schneiden
und zusammen mit dem Hagebuttensud
20–25 Minuten zu einer dickflüssigen
Suppe einkochen. Nach Geschmack mit
Honig süßen. Die Suppe kann je nach
Jahreszeit kalt oder warm serviert
werden. Zu Mus eingekocht ergibt sie
auch eine schmackhafte Beilage zu Wild-
und Geflügelgerichten.

Hagebutten**suppe**

Pilzrahmsuppe mit Dörräpfeln und Speck

500 g	**Champignons**
150 g	**Pfifferlinge**
30 g	**Steinpilze** (getrocknet)
80 g	**Dörräpfel**
125 g	**Speckwürfel**
200 g	**Sahne**
100 g	**Butter**
	Wasser (Menge nach Bedarf)
	Salz

Frische Pilze sollten nie unter fließendem Wasser gereinigt werden; es ist besser, sie mit einer Bürste oder einem hartborstigen Pinsel zu säubern.

Zubereitung: Dörräpfel in kleine Stücke schneiden, zusammen mit den getrockneten Steinpilzen in lauwarmem Wasser 2–3 Stunden einweichen. Speckwürfel anbraten, die zuvor gesäuberten und grob geschnittenen Champignons und Pfifferlinge zufügen, in Butter anbräunen, dann die Steinpilze und Dörräpfel mit dem Einweichsud zugeben und bei niedriger Temperatur ca. 15 Minuten köcheln. Danach die Sahne unterziehen, etwas einreduzieren und mit Salz abschmecken.

Erbsensuppe mit Schweinenacken und Minze

300 g	**grüne Schälerbsen**
500 g	**Schweinenacken** (am Stück)
200 g	**Sellerie**
1–2 TL	**Minze** (getrocknet)
4–5 EL	**Apfelessig**
1,5 l	**Fleischbrühe**

Schälerbsen müssen vor dem Kochen nicht eingeweicht werden. Wie andere Hülsenfrüchte auch, enthalten sie viel pflanzliches Eiweiß und haben damit einen hohen ernährungsphysiologischen Wert.

Zubereitung: Die Schälerbsen zusammen mit fein gewürfelter Sellerie in der Fleischbrühe bei mittlerer Hitze ca. 45 Minuten kochen, danach den Schweinenacken am Stück hinzugeben und weitere 35–40 Minuten gar kochen. Anschließend das Fleisch aus dem Topf nehmen und in mundgerechte Stücke schneiden. Den Sud aus Erbsen und Sellerie pürieren, mit Minze und Apfelessig abschmecken. Dann das Fleisch unterheben und auf kleiner Flamme im geschlossenen Topf 5–6 Minuten ziehen lassen.

2 kleine **Sellerieknollen**
60 g **Feldsalat**
50 g **Butter**
2 l **Gemüsebrühe**
Salz

Zubereitung: Sellerie schälen und in kleine Würfel schneiden, etwa zwei Drittel davon in der Gemüsebrühe weich kochen und dann pürieren. Die restlichen Selleriewürfel in Butter anbräunen und mit den zuvor gesäuberten und grob zerpflückten Feldsalatblättern unter die Suppe ziehen, nach Geschmack salzen.

Sellerie ist archäobotanisch durch Funde verkohlter Samen in Füllschichten jungsteinzeitlicher Brunnen nachgewiesen.

Selleriesuppe mit Feldsalat

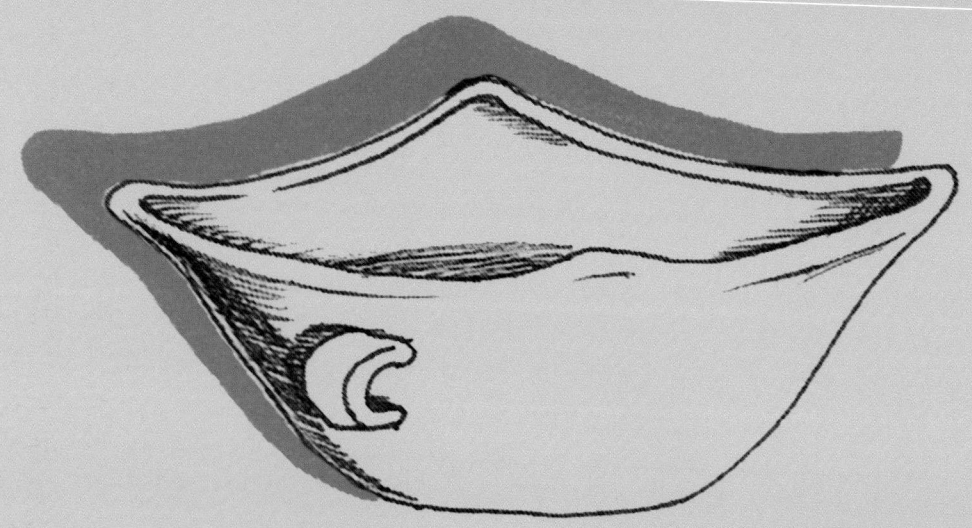

Salate

Heutzutage versteht man unter „Salat" vorwiegend roh verzehrbare pflanzliche Lebensmittel in Form verschiedener Blattgemüse, die meist kalt mit einem Dressing oder einer Soße zubereitet werden.

Obwohl der Hauptbestandteil von Salatpflanzen aus Wasser besteht, liefern sie dennoch viele lebensnotwendige und gesundheitsfördernde Stoffe wie Betacarotin, verschiedene Vitamine, Mineralstoffe wie Kalium, Phosphor und Magnesium, Folsäure und Ballaststoffe. Grundsätzlich gilt, dass Wildpflanzen einen deutlich höheren Gehalt dieser wertvollen Inhaltsstoffe aufweisen als deren Züchtungen.

Zahlreiche Samen- und Pollenfunde entsprechender Pflanzen aus archäologischen Ausgrabungen belegen, dass dieses „Grünfutter" in der Jungsteinzeit in großen Mengen gesammelt und also wohl auch verzehrt wurde. Neben Feldsalat sind u. a. auch Wiesenkerbel, Löwenzahn, Bärlauch, Giersch, Beinwell, Sauerampfer, Knoblauchsrauke, Guter Heinrich, Beifuß und Brennnessel nachgewiesen. Des Weiteren standen bereits kultivierte Hülsenfrüchte wie Linsen als Grundlage für die Zubereitung von Salaten zur Verfügung. Andere Zutaten können Fleisch, Wildgeflügel, Fisch und Meeresfrüchte, Pflanzensamen, Getreide, Käse, Wildobst oder Nüsse gewesen sein. Geschmacklich verfeinert wurden diese Salate vermutlich durch Leinöl, Apfelessig, Salz, Honig und Wildkräuter oder auch durch Salatsoßen auf Basis von Milchprodukten, Säften oder Brühen.

Apfel-Lauch-Salat mit Leinsamen

450 g **Lauch** (3–4 Stangen)
4 **Äpfel**
4–5 EL **Leinsamen**
50 g **Schafgarbe**
400 g **saure Sahne**
Wasser (nach Bedarf)
Salz

Lein (Flachs) liefert nicht nur Samenkörner, die als Gewürz oder zur Herstellung von Öl genutzt werden können, sondern auch Fasern aus seinen Stängeln, mit denen man Garn, Schnüre und Textilien herstellen kann.

Zubereitung: Leinsamen im Mörser anquetschen und 2–3 Stunden in Wasser einweichen, danach das überschüssige Wasser abgießen. Lauchstangen putzen, in Ringe schneiden und etwa 3 Minuten in kochendem Wasser blanchieren. Die Äpfel entkernen, in kleine Würfel schneiden, mit der fein gehackten Schafgarbe und allen anderen Zutaten mischen, mit Salz abschmecken und vor dem Servieren etwa 1 Stunde ziehen lassen.

Löwenzahnblätter enthalten viel Provitamin A, Vitamin B und C sowie Mineralsalze und Gerb- und Bitterstoffe, die harntreibend wirken und die Gallensekretion fördern.

100 g **Löwenzahn**
80 g **Giersch**
125 g **Dinkel**
250 g **Ziegenkäse**
1–2 **Birnen**
8 EL **Leinöl**
3 EL **Apfelessig**
1 l **Fleischbrühe**
Salz

Zubereitung: Dinkelkörner in der Fleischbrühe 30 Minuten kochen, Flüssigkeit abschütten und das Getreide abkühlen lassen. Aus Leinöl, Apfelessig und Salz eine Salatsoße mischen und mit den Dinkelkörnern, grob gehackten Giersch- und Löwenzahnblättern sowie gewürfeltem Ziegenkäse und ebenfalls gewürfelten Birnenstücken vermengen.

Löwenzahn-Giersch-Salat mit Ziegenkäse und Birnen

50 g **Beinwell**
25 g **Sauerampfer**
25 g **Schafgarbe**
25 g **Wiesenkerbel**
25 g **Löwenzahn**
10 g **Thymian**
30 g **Ackersenfkörner**
150 g **Himbeeren**
50 g **Weizenvollkornbrot**
0,2 l **Leinöl**
Salz

Zubereitung: Aus den Beinwellblättern die Mittelrippen entfernen und mit den anderen Kräutern mischen und grob hacken. Ackersenfkörner im Mörser zerstoßen, in Leinöl anrühren und über die Kräuter gießen. Das Vollkornbrot in kleine Würfel schneiden, in einer Pfanne leicht anrösten, abkühlen lassen und zusammen mit den anderen Zutaten mischen, mit Salz abschmecken und vor dem Servieren einige Minuten ziehen lassen.

Die Stängel vom Wiesenkerbel können wie Spargel zubereitet werden (blanchieren) und eignen sich dann hervorragend als Beilage zu gegrilltem Fisch.

Wildkräutersalat mit Ackersenf und Himbeeren

Linsensalat mit Räucherforelle

Die jungen Blätter und Triebe vom Gundermann schmecken scharf und ein wenig minzig, sie wirken harntreibend und schleimlösend. Im „Dreißigjährigen Krieg" (1618–48) wurde Gundermann volkstümlich als „Soldatenpetersilie" bezeichnet – willkommene Würze im ansonsten geschmacklosen Heereseintopf!

400 g	**Linsen**
250 g	**Forellenfilets** (geräuchert)
50 g	**Kresse**
50 g	**Sauerampfer**
25 g	**Gundermann**
1 l	**Wasser**
0,1 l	**Leinöl**
	Salz

Zubereitung: Die Linsen in Wasser gar kochen, bis sie noch bissfest sind, dann das Wasser abgießen und die Linsen abkühlen lassen. Forellenfilets in feine, ca. 3 cm lange Streifen schneiden und zusammen mit den zuvor gewaschenen, grob gehackten Kräutern und dem Leinöl unter die Linsen ziehen, mit Salz nach Bedarf abschmecken.

Feldsalat mit Lachs und Haselnüssen

250 g **Feldsalat**
150 g **Räucherlachs**
(in Scheiben)
125 g **Dinkel**
80 g **Haselnüsse**
(gehackt)
400 g **saure Sahne**
Wasser
(nach Bedarf)
Salz

In neolithischen Seeuferrand-Siedlungen („Pfahlbauten") konnte Feldsalat archäobotanisch nachgewiesen werden und zählt damit eindeutig zum „Grünfutter" auf dem Speiseplan jungsteinzeitlicher Menschen.

Zubereitung: Die Dinkelkörner in warmem Wasser 1 Tag einweichen, dann das Wasser abgießen, den gequollenen Dinkel mit dem zuvor geputzten Feldsalat, in Streifen geschnittenen Lachs, Haselnüssen und saurer Sahne mischen. Etwa 30 Minuten ziehen lassen, kurz durchrühren und nach Geschmack salzen.

500 g **Entenbrust**
200 g **Giersch**
25 g **Sauerampfer**
10 g **Wiesenkerbel**
100 g **Haselnüsse**
(gehackt)
150 g **Himbeeren**
1 **Apfel**
40 g **Schweineschmalz**
0,2 l **Apfelsaft**
1 TL **Apfelessig**
0,1 l **Leinöl**
Salz

Zubereitung: Gierschblätter von den Stängeln befreien, waschen und grob zupfen. Aus fein gehacktem Sauerampfer und Wiesenkerbel, geriebenem Apfel, Haselnüssen, Apfelsaft, Apfelessig, Leinöl und etwas Salz ein Dressing zubereiten, über die Gierschblätter geben und danach ca. 30 Minuten ziehen lassen. In der Zwischenzeit die Entenbrust in heißem Schmalz gar braten, so dass das Innere noch rosa ist. Danach in ca. 1 cm starke Scheiben schneiden und zusammen mit den Himbeeren auf dem Salat anrichten.

Wildkräutersalat mit Entenbrust, Haselnüssen und Himbeeren

Brot

Nicht ohne Grund hat das Brot in fast allen Ackerbau betreibenden Kulturen der Welt eine besondere Bedeutung, bei manchen gilt es sogar als heilig. Der bis in die heutige Zeit herausragende Wert dieses Grundnahrungsmittels und seine Gleichstellung mit Nahrung überhaupt (… „Unser täglich Brot gib uns heute") ist sicherlich nur durch seine auch andere Ernährungsmöglichkeiten ersetzenden Eigenschaften zu erklären. Der Anbau von Getreide, dessen Ernte und Weiterverarbeitung zu Brei, Brot und Backwaren prägt die Menschheitsgeschichte seit fast 10 000 Jahren. In der Religion, bei Ritualen und im Sprachgebrauch war und ist Brot im wahren Sinne des Wortes „in aller Munde".

Archäologisch nachweisbare Befunde unterschiedlicher Backöfen aus Mitteleuropa belegen die Verarbeitung von Getreide zu Brot ab der Jungsteinzeit (Neolithikum). Bei Ausgrabungen in Seeuferrand-Siedlungen („Pfahlbauten") wurden auf Grund der guten Erhaltungsbedingungen auch Reste von Brot und anderen Backwaren gefunden, anhand deren Analyse man zuverlässige Rückschlüsse auf genutzte Getreidearten, Teigherstellung und Backverfahren ziehen kann. Zur Herstellung von Brot wurden vorzugsweise Emmer, Einkorn, Weizen und Dinkel verwendet; die Nutzung von Gerste und Hirse als Brotgetreide kann nicht ausgeschlossen werden, naheliegender ist aber deren Verwendung im Zusammenhang mit Brei oder Eintopfgerichten sowie zum Brauen von Bier. Als Triebmittel für den Brotteig-Ansatz kommen wilde Hefen, wie z. B. die Torulahefe oder auch Honig, vergorene Früchte und Most in Frage; abhängig von der Getreideart und dem Zusatz von Gärungsmitteln konnte sicherlich auch eine mehrstufige Sauerteigführung vorgenommen werden. Durch Zugabe von Salz und Wildkräutern oder Wildfrüchten wurde das Brot geschmacklich variiert.

Weizenbrot mit Dill

500 g **Weizenvollkornmehl** (Type 1050)
42 g **Hefe** (1 Block Frischhefe)
30 g **Dill**
0,3–0,4 l **Wasser** (lauwarm)
1 EL **Salz**

Zubereitung: Sämtliche Zutaten in einer Schüssel mischen und zu einem glatten Teig kneten. Den Teig in einer mit einem Tuch abgedeckten Schüssel an einem warmen Ort gehen lassen. Anschließend den Teig kräftig durchkneten und auf einer mit Mehl bestäubten Unterlage zu 4 etwa gleich großen Fladen ca. 2 cm stark formen. Danach nochmals an einem warmen Ort mit einem Tuch abdecken und 30 Minuten ziehen lassen, dann die Teiglinge an der Oberfläche mit lauwarmen Wasser abstreichen, mit einem Messer leicht einritzen und im vorgeheizten Backofen auf mittlerer Schiene 30 Minuten bei 220 Grad backen.

500 g **Dinkelvollkornmehl**
42 g **Hefe** (1 Block Frischhefe)
100 g **Haselnüsse** (gehackt)
0,3–0,4 l **Wasser** (lauwarm)
1 EL **Salz**

Dinkel enthält sehr viel
Kleber-Eiweiß und ist deshalb,
auch für „Backanfänger",
hervorragend zum Brotbacken
geeignet.

Zubereitung: Alle Zutaten gut durchmischen, zu einem glatten Teig kneten und mit einem Tuch abdecken, warm stellen und 30 Minuten gehen lassen. Dann kräftig durchkneten, in 4 gleich große Stücke formen und nochmals an einem warmen Ort unter einem Tuch abgedeckt für weitere 30 Minuten zur Stückgare ablegen. Danach die Teiglinge an der Oberfläche mit einem Messer spiralförmig einritzen, in den auf 220 Grad vorgeheizten Backofen auf mittlerer Schiene auf ein Backblech geben und ca. 30 Minuten lang backen.

Dinkelbrot mit Haselnüssen

Weizenbrot mit Dinkelkörnern

500 g	**Weizenvollkornmehl** (Type 1050)
125 g	**Dinkelkörner**
42 g	**Hefe** (1 Block Frischhefe)
1 l	**Fleischbrühe**
0,3–0,4 l	**Wasser**
1 EL	**Salz**

Eine schmackhafte Variation dieses Rezeptes erzielt man durch Zugabe von Ackersenfsamen, die getrocknet im Reformhaus erhältlich sind.

Zubereitung: Dinkelkörner 30 Minuten in der Fleischbrühe kochen, dann die Flüssigkeit abgießen und die angekochten Körner abkühlen lassen. Danach den Dinkel mit den restlichen Zutaten zu einem glatten Teig kneten und zugedeckt für 30 Minuten warm stellen. Anschließend in 4 gleich große Stücke teilen, zu Laiben formen und nochmals unter einem Tuch abgedeckt an einem warmen Ort für weitere 30 Minuten gehen lassen, schließlich durchkneten, zu stangenförmigen Brotlaiben formen, an der Oberfläche mit einem Messer einritzen. Bei 220 Grad auf mittlerer Schiene im gut vorgeheizten Ofen ca. 30–35 Minuten backen.

500 g **Dinkelvollkornmehl**
60 g **Bärlauch**
42 g **Hefe** (1 Block Frischhefe)
0,3–0,4 l **Wasser**
1 EL **Salz**

Anstelle von Bärlauch eignen
sich auch andere Wildkräuter,
z. B. Brennnesselsamen, Dost
u. Ä. als Zutat.

Zubereitung: Bärlauch grob hacken, mit den restlichen Zutaten
zu einem glatten Teig kneten und 30 Minuten in einem abgedeckten Gefäß warm stellen. Dann erneut kräftig durchkneten,
in 4 etwa gleich große Stücke teilen und wiederum 30 Minuten
unter einem Tuch an einem warmen Platz aufgehen lassen. Anschließend zu runden Laiben formen, an der Oberfläche mit
handwarmem Wasser abstreichen, mit einem Messer einschnei-
den und auf mittlerer Schiene im auf 220 Grad gut vorgeheizten
Ofen ca. 30–35 Minuten backen.

Dinkelbrot mit Bärlauch

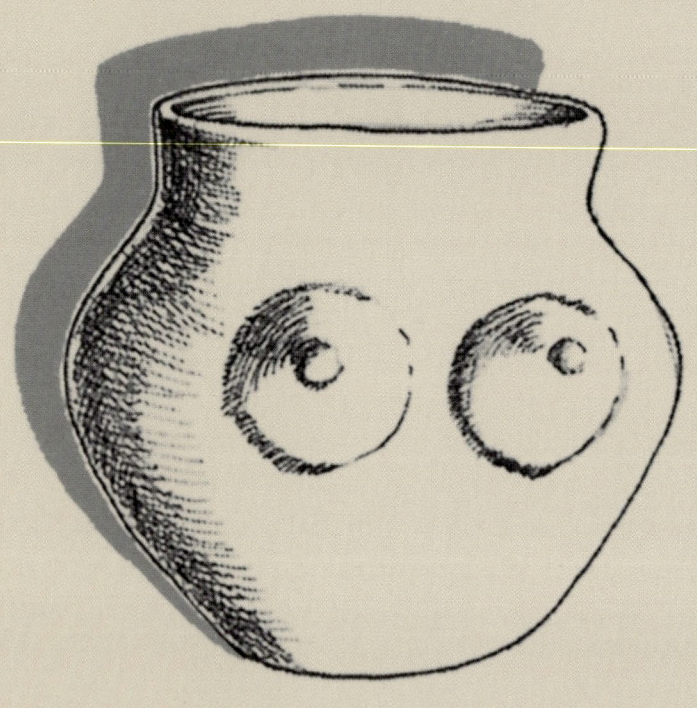

Gerichte mit
Wildgemüse

Der Anbau kultivierter Gemüsepflanzen ist für die Jungsteinzeit bislang nicht eindeutig belegt, wohl aber das Sammeln von wilden Blatt- und Wurzelgemüsen. Hierzu zählen Arten wie Sellerie, Weißer Gänsefuß, Wilde Möhre, Brennnesseln, Wiesenbärenklau, Giersch, Beinwell, Guter Heinrich, Löwenzahn und viele andere. Der Nachweis für Vorkommen und Nutzung derartiger Pflanzen ist in der Regel nur über naturwissenschaftliche Untersuchung von verkohlten Samen oder Pollen aus archäologischen Ausgrabungen möglich und spiegelt deshalb auch nur einen Teil des tatsächlichen Spektrums an Nahrungspflanzen wider.

Vermutlich wurde Gemüse vorwiegend für Eintopfgerichte, zur Anreicherung von Getreidebrei oder als Suppeneinlage verwendet; denkbar ist auch die Zubereitung als Auflauf im Backofen sowie das Einlegen, also Konservieren in Leinöl und Obstessig. Generell wurde und wird Gemüse auf Grund seines Gehaltes an Vitaminen, Mineralstoffen, Extraktstoffen und ätherischen Ölen gerne als Beikost verzehrt. Es wirkt geschmacksbildend und appetitanregend und spielt außerdem wegen seines hohen Ballaststoffgehaltes eine wichtige Rolle für die Verdauung.

Für 30–35 Bratlinge:

250 g **junge Brennnesselspitzen**
50 g **Bärlauch**
400 g **Weizenvollkornbrot**
250 g **Semmelbrösel**
150 g **Schweineschmalz**
1 l **Buttermilch**
1 EL **Salz**
Vollkornweizenmehl
(Menge nach Bedarf)

Die Brennnessel ist eine „Allround-Pflanze". Die jungen Blätter eignen sich hervorragend als Salat oder Gemüse, getrocknet auch als Tee. Die Fasern der Stängel ergaben schon in der Jungsteinzeit Garn bzw. Nähmaterial, nachgewiesen u. a. an Kleidungsstücken der bekannten Gletschermumie „Ötzi". Darüber hinaus erhält man durch Aufkochen der Pflanze und ihrer Wurzel ein Färbemittel für Textilien.

Zubereitung: Das Brot zerbröckeln, etwa 30 Minuten in Buttermilch einweichen, dann mit einer Gabel zerdrücken. Die Brennnesselblätter mit kochendem Wasser abbrühen, grob hacken und zusammen mit dem eingeweichten Brot, grob gehacktem Bärlauch, Semmelbröseln und Salz zu einer glatten Masse kneten, 2–3 Stunden kalt stellen. Danach flachrunde, etwa 6–8 cm große Bratlinge formen, mit Mehl abstäuben und in heißem Schmalz unter mehrfachem Wenden goldbraun braten.

Brennnesselbratlinge

Linseneintopf mit Wildgemüse

Neben Blättern und Blüten können auch die Wurzeln von Beinwell, fein geschabt für Rohkostsalate oder in Stücken gedünstet, in der Küche verwendet werden.

500 g **Linsen**
350 g **geräucherter Speck**
250 g **Giersch**
 25 g **Schafgarbe**
 25 g **Beinwell**
 25 g **Löwenzahn**
300 g **saure Sahne**
  1 l **Fleischbrühe**
 50 g **Schweineschmalz**
   Salz

Zubereitung: Fein würfelig geschnittenen Speck in heißem Schmalz auslassen, mit Brühe abgießen, die Linsen zugeben und bei mittlerer Hitze gar kochen, darauf achten, dass die Linsen noch bissfest sind. Dann die gewaschenen, grob gehackten Wildkräuter hinzufügen, 4–5 Minuten kochen, die saure Sahne unterziehen und mit Salz abschmecken.

Pilzragout mit Lauch und Speck

750 g **Mischpilze**
(Steinpilze,
Champignons u. Ä.)
400 g **Weizenkörner**
450 g **Lauch** (3–4 Stangen)
300 g **geräucherter Speck**
200 g **Schweineschmalz**
300 g **saure Sahne**
1 l **Fleischbrühe**
Salz

Zubereitung: Weizenkörner 30 Minuten in der Fleischbrühe kochen, danach ohne Hitze 5–6 Stunden quellen lassen. Speck in kleine Würfel schneiden, in heißem Schmalz scharf anbraten, dann den geputzten, in Ringe geschnittenen Lauch und die zuvor gesäuberten, in dünne Scheiben geschnittenen Pilze hinzugeben und bei mittlerer Hitze 10–12 Minuten köcheln. Anschließend die Weizenkörner ohne Restflüssigkeit unterrühren, 15–20 Minuten weich kochen, die Sahne unterziehen und nach Geschmack salzen.

500 g	**Wiesenbärenklau**
250 g	**Linsen**
250 g	**Dinkelkörner**
250 g	**geräucherter Speck**
450 g	**Schmand**
100 g	**Butter**
2 l	**Wasser**
	Salz

In älterer Literatur findet sich häufig der Hinweis, dass der Verzehr von Wiesenbärenklau „zu ehelich´ Werken reizt". In der asiatischen Küche gilt Wiesenbärenklau auch heute noch als Aphrodisiakum.

Zubereitung: Dinkelkörner 20 Minuten in 1 l Wasser kochen, dann bei niedriger Temperatur ca. 30 Minuten quellen lassen. Linsen in 1 l Wasser bissfest kochen, restliches Kochwasser abgießen und die Linsen dann zusammen mit fein gewürfeltem Speck anbraten. Die Blätter vom Wiesenbärenklau grob hacken, in etwas Wasser weich kochen, das Wasser abschütten und den Wiesenbärenklau mit den anderen Zutaten in Butter 3–4 Minuten anschwitzen, den Schmand unterziehen und mit Salz abschmecken.

Wiesenbärenklau-Gemüse
mit Linsen und Dinkel

Zubereitung: Gierschblätter und Fenchel grob hacken, in kochendem Salzwasser auf großer Flamme ca. 5–6 Minuten gar kochen und dann das Kochwasser abgießen. Gewürfelten Speck in heißem Schmalz kross anbraten, mit Brühe ablöschen, etwas einreduzieren, danach mit dem Wildgemüse vermengen und nach Geschmack salzen.

600 g **Giersch**
150 g **Fenchel**
250 g **geräucherter Speck**
40 g **Butterschmalz**
0,5 l **Fleischbrühe**
Wasser (nach Bedarf)
Salz

Giersch wird häufig völlig zu Unrecht als lästiges „Unkraut" bezeichnet. Seine Inhaltsstoffe wie Kalium, Eisen, Vitamin C und Karotin zeichnen ihn dagegen als wertvolle Heil- und Küchenpflanze aus. Das Wissen darüber ist allerdings fast überall in Vergessenheit geraten.

Gierschgemüse mit Fenchel und Speck

Hirsebratlinge mit Fenchel

Für 30–35 Bratlinge:

350 g	**Hirse**
350 g	**Magerquark**
25 g	**Fenchelsamen**
50 g	**Schafgarbe**
25 g	**Löwenzahn**
1 l	**Gemüsebrühe**
250 g	**Butter**
	Vollkornweizenmehl
	(Menge nach Bedarf)

Zubereitung: Hirse gründlich waschen, dann in der Brühe weich kochen, anschließend ohne Hitze quellen lassen und dann durch ein Sieb abgießen. Die grob gehackten Kräuter, den Fenchelsamen und den Quark mit der Hirse mischen, kräftig durchkneten und für 24 Stunden kalt stellen. Dann die Masse noch mal durchkneten und auf einer mit Mehl bestreuten Arbeitsfläche zu flachrunden Bratlingen von 6–8 cm Durchmesser formen, in Butter bei mittlerer Hitze auf beiden Seiten etwa 8–10 Minuten braten.

Bereits seit der Bandkeramik, also der ersten Kulturgruppe der Jungsteinzeit, ist Fenchel archäobotanisch nachgewiesen.

Wiesenbärenklau-Auflauf
mit Ziegenkäse

350 g **Wiesenbärenklau**
1 kg **Champignons**
550 g **Kochschinken**
400 g **Ziegenkäse** (Frischkäse)
800 g **saure Sahne**
20 g **Butter**
 Salz

Zubereitung: Wiesenbärenklau-Blätter etwa 2–3 Minuten in kochendem Salzwasser blanchieren, abgießen und grob hacken. Die zuvor gesäuberten Pilze
in dünne Scheiben schneiden, den Kochschinken fein würfeln und alles mit
dem Ziegenfrischkäse mischen. Eine feuerfeste Form mit Butter ausstreichen
und mit den Zutaten füllen, die saure Sahne darübergießen und im vorgeheizten Backofen bei 200–220 Grad etwa 30–40 Minuten garen.

8 große Scheiben **Sellerie** (2–3 cm stark)
600 g **Ziegenfrischkäse**
200 g **Honig**
30 g **Dost** (ersatzweise Oregano)
100 g **Butter**
2 EL **Leinöl**
Salz

Dost (Origanum vulgare)
ist die Wildform des als
„Pizzagewürzes" bekannten
Oregano, allerdings stärker
im Geschmack.

 Zubereitung: Aus Ziegenfrischkäse, Honig, Dost und Leinöl eine homogene
Masse kneten, für 24 Stunden kalt stellen. Die Selleriescheiben von beiden
Seiten in Butter jeweils ca. 4 Minuten in einer Pfanne anbraten, danach auf
ein Backblech legen und auf der Oberseite die Ziegenkäsemischung auftragen.
Bei 200 Grad im gut vorgeheizten Backofen auf mittlerer Schiene ca. 10 Minu-
ten fertig garen.

Sellerieschnitzel mit Ziegenkäse überbacken

Fleisch und Geflügel

Die Fleischversorgung jungsteinzeitlicher Menschen wurde zum überwiegenden Teil durch ihre Haustiere wie Rinder, Schafe, Ziegen und Schweine gedeckt, wobei deren Bedeutung für die Ernährung sowohl regional als auch im Laufe der Zeit recht unterschiedlich war. Dies gilt auch für das Häufigkeitsverhältnis der einzelnen Arten zueinander. Die damaligen Tierrassen waren zwar robuster, aber auch deutlich kleiner als moderne Züchtungen und lieferten also auch einen geringeren Fleischertrag. Nach Ausweis der Knochenfunde landeten häufig auch Hunde im Kochtopf oder auf dem Grill. Die Jagd auf Wildtiere, vorzugsweise wohl mit Pfeil und Bogen, sicherlich auch mit Fallen aller Art, spielte nur eine untergeordnete Rolle, solange ausreichend Schlachtvieh zur Verfügung stand. In Notzeiten, z. B. bei Viehseuchen, musste der Fleischbedarf natürlich durch Erträge aus Jagd auf Tierarten wie Auerochse, Elch, Wildschwein, Rothirsch, Reh, Kleinsäuger und Wildgeflügel wie Wildente, Wildgans u. Ä. ergänzt werden.

Als Gar- und Zubereitungsmethoden kamen Braten am Spieß, Grillen auf dem Rost, erhitzten Stein- oder Keramikplatten, Kochen, Schmoren oder Dünsten in keramischen Gefäßen sowie Garen in Backöfen oder Erdgruben in Frage. Durch Pökeln mit Salz, Lufttrocknen oder Räuchern konnte Fleisch auch über längere Zeit konserviert und bevorratet werden. Analog zu völkerkundlichen Parallelen kann man davon ausgehen, dass sämtliche Bestandteile der Tiere bestmöglich genutzt wurden, also auch Innereien und Knochen, deren Wert heute in Zeiten von Massentierhaltung leider nicht mehr geschätzt wird.

Als Zutaten zu den Fleischgerichten eigneten sich, wie bei anderen Speisen auch, vor allem verschiedene Getreidearten und Hülsenfrüchte sowie Wildgemüse, Kräuter, Früchte und Milchprodukte.

Brennnesseleintopf mit Rindfleisch und Dinkel

750 g **Rindfleisch** (in Würfeln)
500 g **Markknochen vom Rind**
 50 g **geräucherter Schinken** (in Würfeln)
250 g **Brennnesselblätter**
250 g **Dinkel**
 80 g **Schweineschmalz**
450 g **saure Sahne**
2,75 l **Gemüsebrühe**
 Salz

Zubereitung: Die Markknochen aufschlagen, mit dem Schinken 10 Minuten scharf anbraten. Mit 2 l Gemüsebrühe ablöschen, aufkochen und das Rindfleisch hinzugeben,
bei mittlerer Hitze 30 Minuten köcheln lassen. Die Dinkelkörner in 0,75 l Gemüsebrühe
etwa 20 Minuten kochen und bei niedriger Temperatur 30 Minuten quellen lassen.
Zum Fleisch geben und 20 Minuten weitergaren. Brennnesselblätter mit kochendem
Wasser abbrühen, grob hacken, zum Fleisch geben und 40 Minuten kochen. Nun die
Markknochen entfernen, saure Sahne unterziehen und nach Geschmack salzen.

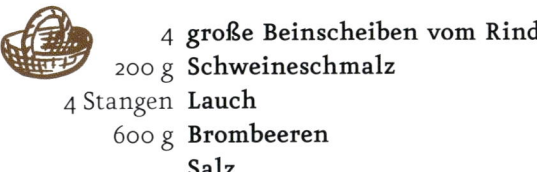

4 **große Beinscheiben vom Rind**
200 g **Schweineschmalz**
4 Stangen **Lauch**
600 g **Brombeeren**
Salz

Zubereitung: Die Beinscheiben in heißem Schmalz von beiden Seiten scharf anbraten, danach 4 Stunden im vorgeheizten Backofen bei 120 Grad garen. Lauch in feine Ringe schneiden, mit zerdrückten Brombeeren mischen und bei niedriger Temperatur zu einer Soße aufkochen, mit Salz abschmecken und zusammen mit den Beinscheiben servieren.

Rinderbeinscheiben mit
Brombeer-Lauch-Soße

800 g	**Rindergeschnetzeltes**
30 g	**Kresse**
60 g	**Bärlauch**
300 g	**Schmand**
60 g	**Butterschmalz**
4–6 EL	**Wasser**
	Salz

Zubereitung: Bärlauch und Kresse grob hacken, in Wasser und Schmand kurz aufkochen, mit Salz abschmecken und ohne Hitze etwa 1 Stunde ziehen lassen. Das Rindergeschnetzelte in Butterschmalz scharf anbraten, mit der Kräutersoße ablöschen und bei niedriger Temperatur einige Minuten gar ziehen.

Die ursprüngliche Wildform der Kresse ist die Brunnenkresse, die an Fließgewässern zu finden ist. Als Ersatz kann aber auch die Zuchtform, die sogenannte Gartenkresse verwendet werden.

Rindergeschnetzeltes
in Kresse-Bärlauch-Soße

Rinderrouladen mit Wildkräuter-Champignon-Füllung

4 große	**Rinderrouladen**
8 Scheiben	**Speck**
	(durchwachsen)
400 g	**Champignons**
25 g	**Wiesenkerbel**
15 g	**Schafgarbe**
10 g	**Sauerampfer**
150–200 g	**Semmelbrösel**
250 g	**Butterschmalz**
0,15 l	**Fleischbrühe**
300 g	**saure Sahne**
200 g	**Sahne**
	Salz

Zubereitung: Aus den gewaschenen, fein gehackten Kräutern, 200 g sehr fein gehackten Champignons, Semmelbröseln und saurer Sahne eine homogene Masse kneten. Rouladen flach klopfen, salzen und mit der Kräutermasse auf der Innenseite bestreichen, zusammenrollen, mit jeweils 2 Scheiben Speck umwickeln und mit Küchengarn verschnüren. Danach die Rouladen in heißem Butterschmalz rundherum braun anbraten, die restlichen, in Scheiben geschnittenen Pilze hinzugeben, mit Brühe und Sahne ablöschen. Im vorgeheizten Backofen zugedeckt bei 200 Grad ca. 70–75 Minuten garen.

Jungbullengulasch mit Pilzen in Bärlauch-Rahmsoße

1 kg **Jungbullengulasch**
50 g **Schweineschmalz**
50 g **Mischpilze** (getrocknet)
150 g **Bärlauch**
0,4 l **Rinderfond**
250 g **Schmand**
0,5 l **Wasser**
Salz

Zubereitung: Die getrockneten Pilze gründlich säubern und 1–2 Stunden in warmem Wasser einweichen. Das in 2 cm große Würfel geschnittene Fleisch in heißem Schmalz scharf anbraten, mit Rinderfond angießen und in zugedecktem Topf bei mittlerer Hitze 30 Minuten schmoren. Danach die Pilze hinzugeben und 20–30 Minuten garen, grob gehackten Bärlauch und Schmand unterziehen, salzen und etwas einreduzieren.

Nicht ohne Grund nennt man Bärlauch auch den „wilden Knoblauch aus den Wäldern". Er sollte möglichst frisch verwendet werden, da er beim Konservieren viel an Geschmack einbüßt.

4–8	**Nacken- oder Halskoteletts vom Schwein**
10 g	**Schafgarbe**
30 g	**Dost** (ersatzweise Oregano)
25 g	**Beifuß**
50 g	**Butter**
400 g	**saure Sahne**
6–8 EL	**Honig**
	Salz

Zubereitung: Kräuter waschen, fein hacken, in Butter andünsten, mit etwas Wasser angießen und ca. 5 Minuten auf kleiner Flamme köcheln. Anschließend die saure Sahne unterziehen, mit Honig und Salz abschmecken, danach die Soße bei geringer Hitze etwas einreduzieren. Die Koteletts salzen, grillen und dann mit der warmen Soße anrichten.

Gegrillte Schweinekoteletts
mit Wildkräutersoße

8	**Schweinemedaillons** (3–4 cm dick)
35 g	**Wiesenschaumkraut** (Blüten und Blätter)
25 g	**Knoblauchsrauke**
80 g	**Butter**
0,1 l	**Fleischbrühe**
200 g	**saure Sahne**
	Salz

Zubereitung: Die Schweinemedaillons in 40 g Butter von allen Seiten ca. 4–6 Minuten anbraten, danach warm stellen. Die grob gehackten Kräuter und Blüten im Bratenfond mit der restlichen Butter andünsten, mit Brühe ablöschen, die saure Sahne unterziehen, mit Salz würzen und zu den Medaillons geben.

Wiesenschaumkraut ähnelt im Geschmack der Brunnenkresse, weil es ein ähnlich, scharf schmeckendes ätherisches Öl enthält. In der Volksmedizin betrachtet man diese Pflanze auf Grund ihres hohen Gehaltes an Vitaminen und Mineralstoffen als allgemein gesundheitsfördernd.

Schweinemedaillons mit Wiesenschaumkraut und Knoblauchsrauke

Gegrillte Kalbsleber in Taubnesselsoße mit Beinwell

8 große Scheiben	**Kalbsleber** (ca. 2 cm dick)
1 kg	**Beinwell**
100 g	**Taubnesseln**
20 g	**Sauerampfer**
2 l	**Fleischbrühe**
400 g	**Schmand**
	Weizenvollkornmehl (Menge nach Bedarf)
	Salz

Die Leberscheiben sollten 1–1,5 cm stark und von Anhaftungen wie z. B. Sehnen und Häuten befreit sein. Bei gut vorgeheiztem Grill braucht man pro Seite jeweils nur ca. 1 Minute, um die Leber zu braten.

Zubereitung: Beinwellblätter säubern, die dicken Mittelrippen entfernen und dann in der Brühe 4–5 Minuten blanchieren, danach in grobe Streifen schneiden. Taubnesseln und Sauerampfer grob hacken und im Schmand kurz andünsten. Die Leberscheiben in Mehl wenden, auf dem Grill gar braten und dann mit der Soße und dem Beinwellgemüse servieren.

Grillspießchen mit Pfifferlingsoße

400 g **Rindfleisch**
400 g **Schweinefleisch**
200 g **Schinkenspeck**
(in Scheiben)
600 g **Pfifferlinge**
150 g **Giersch**
150 g **Wiesenkerbel**
1 l **Wildkräuteröl**
(s. auch Schafskäse in
Wildkräuteröl, S. 17)
250 g **Butter**
400 g **saure Sahne**
Salz

Zubereitung: Fleisch in 2 cm große Würfel schneiden und abwechselnd mit zusammengefalteten Schinkenspeckscheiben auf zuvor eingeölte Holzspießchen stecken. Danach für 10–12 Stunden in Wildkräuteröl einlegen, öfters wenden. Für die Soße die Pfifferlinge gründlich säubern, grob hacken und zusammen mit fein gehackten Kräutern in Butter garen, zum Schluss die saure Sahne unterziehen und warm stellen. Die Fleischspießchen auf dem Grill braten und mit der Pfifferlingsoße anrichten.

4–8 dicke Rippen vom Schwein
30 g getrocknete Steinpilze
25 g Wiesenkerbel
10 g Schafgarbe
60 g Ackersenfsamen (geschrotet)
600 g saure Sahne
0,2–0,3 l Wasser
20 g Butter
1 TL Leinöl
Salz

Besonders lecker wird dieses
Rezept natürlich bei
Verwendung frischer Steinpilze.

Zubereitung: Die getrockneten Pilze sorgfältig waschen und für 1 Stunde in lauwarmem Wasser einweichen, das Wasser abgießen und die Pilze fein hacken, dann in Butter und Leinöl anbraten. Anschließend fein gehackte Kräuter, Ackersenfsamen und etwas Wasser hinzugeben, kurz aufkochen und dann 1–2 Stunden warm stellen. Dann die saure Sahne einrühren. Die Rippchen salzen, auf dem Grill gar braten und mit der warmen Soße servieren.

Grillrippchen mit Steinpilzsoße

800 g	**Kalbfleisch**
400 g	**Hirse**
25 g	**Schafgarbe**
25 g	**Löwenzahn**
25 g	**Beinwell**
50 g	**Wiesenkerbel**
0,3 l	**Berberitzensaft**
	(ersatzweise Zitronensaft)
1 l	**Gemüsebrühe**
150 g	**Schweineschmalz**
100 g	**Butter**
	Salz

Getrocknete Berberitzen (Reformhaus)
ergeben durch Einweichen, Abkochen
und Abseihen den gewünschten Saft.

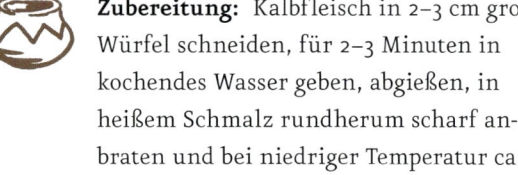

Zubereitung: Kalbfleisch in 2–3 cm große Würfel schneiden, für 2–3 Minuten in kochendes Wasser geben, abgießen, in heißem Schmalz rundherum scharf anbraten und bei niedriger Temperatur ca. 30 Minuten schmoren. Die zuvor sorgfältig gewaschene Hirse in der Gemüsebrühe 10 Minuten kochen, grob gehackte Wildkräuter untermengen, weitere 5 Minuten köcheln, dann ohne Hitze 20 Minuten quellen lassen. Berberitzensaft zum Kalbfleisch geben, 5–10 Minuten einreduzieren, die Kräuterhirse hinzugeben, Butter unterziehen und mit Salz abschmecken.

Kalbsragout in Berberitzen- saft mit Kräuterhirse

Lammlachse mit Linsen-Sellerie-Püree

8 große **Lammlachse**
1 Knolle **Sellerie**
100 g **Linsen**
40 g **Dost** (getrocknet)
2 l **Gemüsebrühe**
3 EL **Apfelessig**
300 g **Butter**

Zubereitung: Sellerie schälen, in kleine Würfel schneiden, zusammen mit den Linsen in Brühe und Apfelessig gar kochen, die Flüssigkeit abgießen, 100 g Butter und Dost unterziehen und alles pürieren. Die Lammlachse in der restlichen Butter von beiden Seiten jeweils 3–4 Minuten braten, dann zusammen mit dem Püree anrichten.

Hirschgulasch mit Pfifferlingen in Sauerampfersoße

1 kg	**Hirschgulasch**
500 g	**Pfifferlinge**
25 g	**Sauerampfer**
25 g	**Wiesenkerbel**
0,4 l	**Wildfond**
0,2 l	**Fleischbrühe**
400 g	**saure Sahne**
150 g	**Butter**
	Salz

Die jungen Blätter von Sauerampfer können sowohl frisch als auch getrocknet verzehrt werden. Dies gilt auch für die Samen, die leicht angeröstet eine Delikatesse sind!

Zubereitung: Das in 3–4 cm große Würfel geschnittene Fleisch in 100 g Butter anbraten, mit Wildfond und Brühe ablöschen und zugedeckt bei mittlerer Hitze etwa 1 Stunde schmoren. Pfifferlinge putzen, grob hacken und in der restlichen Butter ca. 10 Minuten braten. Danach die grob gehackten Wildkräuter zu den Pilzen geben, die saure Sahne unterziehen und auf kleiner Flamme 4–5 Minuten weitergaren. Das Hirschgulasch abgießen, zur Pilzsoße geben und nach Geschmack salzen.

800 g **Lammfleisch**
400 g **Hirse**
100 g **Giersch**
25 g **Schafgarbe**
300 g **saure Sahne**
100 g **Butterschmalz**
1 l **Gemüsebrühe**
0,4 l **Wasser**
Salz

Zubereitung: Lammfleisch in 2–3 cm große Würfel schneiden, in heißem Schmalz etwa 10 Minuten scharf anbraten, danach bei mittlerer Temperatur weitere 30–40 Minuten schmoren, bei Bedarf mit etwas Wasser angießen. Die Hirse sorgfältig waschen, in der Gemüsebrühe 10 Minuten aufkochen und anschließend ohne Hitzezufuhr ca. 20 Minuten quellen lassen. Dann die grob gehackten Kräuter unterziehen, zusammen mit dem Lammfleisch in 0,4 l Wasser 25–30 Minuten garen, abschließend die saure Sahne einrühren und mit Salz abschmecken.

Lammragout mit Wildkräutern und Hirse

1,2 kg **Hasenfleisch** (zerteilt; ersatzweise Kaninchen)
50 g **Dost** (ersatzweise Oregano)
15 g **Minze**
0,6–0,7 l **Wildfond**
60 g **Butterschmalz**
2 EL **saure Sahne**
Salz

Zubereitung: Hasenteile salzen und in heißem Schmalz von allen Seiten braun anbraten, mit Fond ablöschen. Die grob gehackten Kräuter hinzugeben und auf kleiner Flamme zugedeckt 80–100 Minuten schmoren, dabei öfters wenden und mit der Flüssigkeit begießen. Abschließend die saure Sahne dazugeben und alles mit Salz abschmecken.

Hasenschmorbraten
mit Dost

Entenbrust mit
Birnen-Haselnuss-Soße

4 **Entenbrüste**
(groß)
4 **Birnen**
100 g **Haselnüsse**
(gemahlen)
1 l **Wasser**
250 g **Butterschmalz**
Salz

Zubereitung: Birnen in feine Würfel schneiden, in einem Topf mit Wasser ca. 2 Stunden kochen, dann das Wasser abgießen, die Birnen pürieren und das Haselnussmehl zugeben. Die Entenbrüste salzen und in heißem Butterschmalz braun anbraten, erst auf der Hautseite, danach auf der Fleischseite. Dann die Entenbrüste für 30 Minuten im Backofen bei 90 Grad fertig garen und mit der Birnensoße servieren.

Fisch und
Meeresfrüchte

Abhängig von der Lage ihrer Siedlungsplätze nutzten die jungsteinzeit-lichen Menschen auch Bäche, Flüsse, Seen und die Meeresküste als Jagd-, Fisch- und Sammelgebiete zur Bereicherung ihres Speiseplans. Zahlreiche archäologische Funde von Angelhaken, Fischspeeren, Harpu-nen, Reusen, Netzen und dazugehörigen Schwimmern und Netzsenkern sowie Einbäumen belegen die Fischwaid und in Küstennähe die Jagd auf Meeressäuger wie Robben. Durch Reste von Fischgräten und Fischwirbeln sind Arten wie u. a. Lachs, Wels, Aal, Forelle, Hecht, Rotfeder, Felchen, Flussbarsch und diverse Weißfischarten belegt. Darüber hinaus wurden bei Ausgrabungen jungsteinzeitlicher Siedlungen auch große Anhäu-fungen von Muschel- und Schneckenschalen gefunden, die als Nahrungs-abfälle gedeutet werden.

Die bevorzugte Zubereitungsart von Fisch war sicherlich das Grillen über der Glut eines Feuers oder auf einer erhitzten Steinplatte, wobei die Reste wie Kopf und Schwanz vermutlich zusammen mit kleineren Fischen als Grundlage für Suppen oder Eintopfgerichten dienten, die mit anderen Zutaten wie Wildgemüse, Kräutern oder Getreidekörnern ange-reichert wurden. Höchstwahrscheinlich wurden bestimmte Fischarten auch roh oder mariniert verzehrt. In Salzlake eingelegt, geräuchert oder nur an der Luft getrocknet („Stockfisch") konnte Fisch relativ einfach haltbar gemacht und dann auch über weite Strecken als Tauschgut ver-handelt werden. Ernährungsphysiologisch gesehen ist Fisch als sehr hochwertig einzustufen, trotzdem war er in der Jungsteinzeit in fisch-reichen Regionen anscheinend nicht Hauptbestandteil der Ernährung. Im Gegensatz zu Fisch mussten Süßwassermuscheln, Schnecken und Meeresfrüchte abgesehen von einigen wenigen Arten, die mit damaligen Mitteln konserviert werden konnten, direkt frisch zubereitet und ge-gessen werden.

Eine Besonderheit stellen zahlreiche Funde von Panzern der Euro-päischen Sumpfschildkröte dar, die sich wohl auch großen kulinarischen Interesses erfreute – nicht nur aus artenschutzrechtlichen Gründen heute mehr als fragwürdig.

Lachssteaks mit Soße aus Knoblauchsrauke und Sauerampfer

Knoblauchsrauke ist im Geschmack und Aroma ähnlich wie Bärlauch, aber nicht so intensiv. Im medizinischen Bereich wirkt sie antiseptisch und wundheilend.

4–8 **Lachssteaks**
35 g **Knoblauchsrauke**
35 g **Sauerampfer**
8 TL **Ackersenfsamen** (gemahlen)
2–3 EL **Honig**
550 g **saure Sahne**
5–6 EL **Wasser**
Salz

Zubereitung: Kräuter fein hacken, mit Wasser, Ackersenfsamen und saurer Sahne mischen, kurz aufkochen und warm stellen. Mit Honig und Salz abschmecken. Die Lachssteaks auf beiden Seiten salzen und auf dem Grill braten, dabei mehrfach wenden und abschließend mit der Soße begießen.

1 kg **Fisch**
(Forelle, Zander, Hecht u. Ä.)
500 g **Dinkel**
250 g **Lauch**
20 g **Kresse**
20 g **Dill**
0,4 l **Fischfond**
250 g **Schmand**
1,4 l **Wasser**
Salz

Zubereitung: Dinkel in Wasser 40 Minuten kochen, 4–5 Stunden quellen lassen, dann die Restflüssigkeit abgießen. Fisch filetieren, Gräten entfernen und die Filets in Stücke von 2–3 cm Länge schneiden, salzen, mit Fischfond und Dinkel 20 Minuten auf kleiner Flamme köcheln. Dann den in feine Ringe geschnittenen Lauch hinzugeben und für 6–8 Minuten weitergaren. Abschließend fein gehackte Kresse, Dill und Schmand unterziehen, ohne Hitze für 2 Minuten ziehen lassen.

Fischeintopf mit Dinkel und Lauch

4–8 Forellen:

500 g	**Räucherspeck** (in Scheiben)
30 g	**Sauerampfer**
10 g	**Dill**
500 g	**Quark**
200 g	**saure Sahne**
4 EL	**Leinöl**

Zubereitung: Sauerampfer und Dill fein hacken, mit Quark, saurer Sahne und Leinöl vermengen, dann etwa 1 Stunde kühl stellen. Die Forellen mit Speckscheiben umwickeln und auf dem Grill garen. Je nach Wunsch kann die Kräutersoße kalt oder warm zu den gegrillten Forellen gereicht werden.

Grillforelle **im Speckmantel**

Miesmuscheln **im** **Brotkörbchen**

4 kg **Miesmuscheln**

30 g **Dost**
(ersatzweise Oregano)

50 g **Giersch**

25 g **Wiesenkerbel**

25 g **Löwenzahn**

50 g **Haselnüsse**
(gemahlen)

4–5 l **Gemüsebrühe**

200 g **Weizenvollkornmehl**
(Type 1050)

150–200 ml **Wasser**

2–3 EL **Leinöl**

150 g **Butter**
Salz

Zubereitung: Mehl mit 1 TL Salz, gemahlenen Haselnüssen, Dost, Leinöl und 150–200 ml lauwarmem Wasser vermengen und zu einem Teig kneten, dann für 24 Stunden kühl stellen. Muscheln gut säubern, in heißer Brühe etwa 7–8 Minuten kochen, danach das Muschelfleisch aus den Schalen auslösen und abkühlen lassen. Giersch, Wiesenkerbel und Löwenzahn fein hacken und in der zuvor erhitzten Butter kurz andünsten. Aus dem Teig kleine Körbchen formen, mit dem Muschelfleisch füllen und im gut vorgeheizten Backofen bei 220 Grad etwa 30–40 Minuten backen. Zum Schluss mit der Kräuterbutter übergießen.

Nachspeisen

Ob die Menschen der Jungsteinzeit auch „Süßmäulchen" waren und Nachspeisen im heutigen Sinne hergestellt und verzehrt haben, ist anhand des archäologischen Fundmaterials nur bedingt nachweisbar. Das „Ernten" von Wildbienenhonig ist allerdings schon für die Mittelsteinzeit (Mesolithikum, ca. 8500–5800 v. Chr.) durch eine Höhlenmalerei aus Ostspanien belegt und somit auch für das Neolithikum als gesicherte Nahrungsquelle vorauszusetzen.

Durch seine besonderen Eigenschaften konnte Honig nicht nur zum Süßen von Speisen, sondern auch zum Konservieren von bestimmten Lebensmitteln, zur Herstellung alkoholischer Getränke und als Heilmittel verwendet werden. Als weitere Süßungsmittel standen Säfte von Wildfrüchten oder evtl. auch Sirup aus Pflanzen, wie z. B. eingedickter Birkensaft zur Verfügung. Die Wildformen von Äpfeln, Birnen und Kirschen sowie verschiedene Beerenarten wie Walderdbeeren, Holunderbeeren u. Ä. ließen sich zu Kompott, Mus, Fruchtsalat oder Kaltschalen verarbeiten oder dienten ebenso wie geröstete Haselnüsse als Zutaten zu gesüßtem Hirsebrei. Viele Wildfrüchte konnten durch Trocknen und Dörren haltbar gemacht werden und waren somit auch nach der Sammelzeit zum Verzehr geeignet. Selbst Feingebäck (sogenanntes Schälchengebäck) wurde bereits hergestellt, wie entsprechende Funde aus schweizerischen Seeufer-Siedlungen belegen.

Insgesamt kann man davon ausgehen, dass auch diese Speisekategorie schon recht vielseitig und schmackhaft sein konnte.

Holunder-Birnen-**Kompott**

400 g	**Holunderbeeren**
2 große	**Birnen**
100 g	**Weizenvollkornbrot**
1 l	**Wasser**
2–3 EL	**Honig**
	Salz

Die Beeren von Holunder eignen sich nicht nur zur Herstellung von Säften, Soßen, Mus oder Kompott, sie sind auch als Färbemittel von Textilien einsetzbar.

Zubereitung: Holunderbeeren von den Stängeln abrebeln und gründlich waschen. Die Birnen entkernen und in kleine Stücke schneiden. Beeren und Birnenstücke mit etwas Salz in Wasser 25–30 Minuten aufkochen. Dann zum Andicken das zuvor zerkrümelte Brot untermengen und weitere 25–30 Minuten bei niedriger Temperatur köcheln, nach Geschmack mit Honig süßen. Das Kompott eignet sich auch hervorragend als Beilage zu Wildgerichten.

350 g **Hirse**
125 g **Dörräpfel**
(Trockenobst)
100 g **Haselnüsse**
(gehackt)
1,2–1,3 l **Apfelsaft**
(naturtrüb)
0,5 l **Wasser**
2–4 EL **Honig**
Salz

 Zubereitung: Die gedörrten Apfelscheiben in 1 cm große Stücke schneiden und 3–4 Stunden in lauwarmem Wasser einweichen. Die Hirse in einem Sieb unter fließendem Wasser gut säubern, abtropfen lassen und danach zusammen mit den gehackten Haselnusskernen in Apfelsaft ca. 10 Minuten bei mittlerer Hitze aufkochen. Anschließend die Dörräpfelstücke untermengen, so lange ruhen und aufquellen lassen, bis die Hirse weich und flockig ist – falls erforderlich, mit Wasser oder Apfelsaft zusätzlich angießen und nochmals aufkochen. Vor dem Servieren mit Honig und Salz abschmecken.

Kochen mit Hirse ist problematisch, sie quillt sehr stark auf und sollte daher nur in großvolumigen Töpfen zubereitet werden. Je nach Sorte sind die Garzeiten, wie bei anderen Getreidearten auch, sehr unterschiedlich.

Süße Hirse mit Dörräpfeln

500 g **Vogelbeeren**
25 g **Minze**
6–8 EL **Honig**
0,25 l **Wasser**
Apfelessig
(Menge nach Bedarf)

Trotz weit verbreiteter Meinung sind die Früchte der Eberesche (Sorbus aucuparia), die sogenannten Vogelbeeren, nicht giftig, sondern nach entsprechender Aufbereitung durchaus schmackhaft. Vogelbeerenmus eignet sich sowohl als Nachspeise als auch als Beilage zu gegrilltem Fleisch und Geflügel.

Zubereitung: Die zuvor gründlich gesäuberten Vogelbeeren in einer ca. 4 %igen Essig-lösung 12–15 Stunden einlegen, danach abgießen und gut waschen. Anschließend in 0,25 l Wasser etwa 1 Stunde bei mittlerer Hitze zu einem zähen Mus einkochen, fein gehackte Minze und Honig unterziehen, pürieren und bei kleiner Flamme eine weitere Stunde ziehen lassen.

Vogelbeerenmus

Schälchengebäck mit Wildfrüchten

125 g **Dinkelvollkornmehl**
125 g **Weizenmehl** (Type 405)
150–200 ml **Wasser**
1–2 TL **Salz**
50 g **Butter**
400 g **Wildfrüchte** (Walderdbeeren, Heidelbeeren o. Ä.)
15–20 **Kieselsteine** (etwa daumengroß) bzw. **hitzebeständige Gerölle**

Zubereitung: Mehl mit Wasser und Salz zu einem glatten Teig kneten, 30 Minuten warm stellen, noch mal kräftig durchkneten und danach für 24 Stunden kühl lagern. Anschließend den Teig in schiffchenförmige Stücke aufteilen und in jedes Teigstück von oben einen zuvor mit Butter eingefetteten Stein eindrücken. Die Teiglinge mit den Steinen im Backofen auf mittlerer Schiene bei 220 Grad 30–35 Minuten backen, danach die Steine entfernen und die so entstandenen Mulden im Gebäck mit Früchten füllen.

Getränke

Das wichtigste Grundnahrungsmittel war und ist immer noch zweifellos das Trinkwasser. Ein Großteil der jungsteinzeitlichen Siedlungsplätze lag in unmittelbarer Nähe zu natürlichen Wasserquellen wie Bächen, Flüssen oder Seen; seit einiger Zeit sind allerdings durch archäologische Ausgrabungen auch Siedlungen der Frühen Jungsteinzeit („Bandkeramik") bekannt, die ihren Wasserbedarf durch z. T. sehr aufwändig angelegte, tiefgründige Brunnen deckten.

Wasser bildet auch die Basis für viele Gerichte und Getränke, z. B. Suppen, Brühen, Tee, Bier und Frucht- oder Pflanzenwein. Der Begriff „Getränk" ist ein Sammelbegriff für Flüssigkeiten, die entweder zum reinen Stillen des Durstes oder als Nahrungs- bzw. Genussmittel aufbereitet wurden. Neben Wasser und Säften aus Pflanzen und Wildfrüchten standen den Ackerbau und Viehzucht betreibenden Menschen der Jungsteinzeit auch die Milch von Kühen, Schafen und Ziegen zur Verfügung. Seit vielen Jahren gibt es zwischen Wissenschaftlern einen erbitterten Streit darüber, ob die frühen Jungsteinzeitler unter einer Laktose-Unverträglichkeit litten und dadurch körperlich nicht dazu in der Lage waren, Frischmilch oder daraus hergestellte Produkte schadlos zu verdauen.

Wir wollen uns an dieser Debatte nicht beteiligen, sondern wenden uns lieber der Kategorie „Blut und Alkohol" zu: Vergleiche aus der Völkerkunde zeigen, dass man lebendigem Vieh, vor allem Rindern, Blut abnehmen und mit Wasser gemischt als Getränk oder zur Zubereitung von Speisen bzw. Lebensmitteln nutzen kann. Dass diese Methode in der Jungsteinzeit angewendet wurde, ist denkbar, aber bislang archäologisch nicht zu belegen. Bislang ebenfalls wissenschaftlich nicht eindeutig nachweisbar sind die Herstellung und der anschließende Genuss alkoholischer Getränke in der Jungsteinzeit. Wir gehen jedoch davon aus, dass die Vergärung von Früchten zu Most, die Aufbereitung von Wildbienenhonig zu Met oder mit Blüten zu weinähnlichen Getränken und frühe Formen des Bierbrauens bekannt waren und diese Produkte auch zumindest bei besonderen Anlässen genossen wurden. In diesem Sinne ein fröhliches „Prost Neolithikum!"

Holunderblütensirup

40 **Holunderblüten-Dolden**
3 l **Wasser**
1 kg **Honig**

Zubereitung: Die Holunderblütenstände (Dolden) gut säubern. Vorsicht: Da sind meistens viele kleine Insekten drin! Dann die Blüten mit heißem Wasser abgießen und 48 Stunden in einem geschlossenem Gefäß lagern. Danach kurz erhitzen, die Blüten entfernen und in die Flüssigkeit den Honig einrühren, bis er sich aufgelöst hat. Den so gewonnenen Sirup kühl und dunkel lagern. Schmeckt hervorragend mit Wasser oder Säften, ist auch zur Zubereitung von Soßen oder Süßspeisen geeignet.

6 saure Äpfel
0,1 l **Berberitzensaft**
(ersatzweise Zitronensaft)
5–6 **Minze-Zweige**
1 l **Milch**
1 l **Wasser**

Zur Herstellung von
Berberitzensaft siehe
Hinweis auf Seite 62.

Zubereitung: Die Äpfel entkernen und fein
würfeln, dann in Wasser weich kochen und
pürieren. Das Apfelmus mit Milch kurz aufkochen, den Berberitzensaft unterrühren
und alles kühlen, mit Minze möglichst kalt
servieren.

Apfelmilch

100 g **Dörräpfel** (fein gewürfelt)
100 g **Hagebuttenschalen** (getrocknet)
80 g **Lindenblüten** (getrocknet)
80 g **Holunderblüten** (getrocknet)
20 g **Minze** (getrocknet)
Wasser (Menge nach Bedarf)

Zubereitung: 8 EL der Teemischung mit 1 l Wasser 10 Minuten sprudelnd aufkochen, dann 10 Minuten abgedeckt ziehen lassen, danach abseihen. Der Tee kann auch kalt als Erfrischungsgetränk genossen werden.

Wildfrüchte-Tee

Ob es in der Jungsteinzeit schon „Tee" im heutigen Sinne gegeben hat, wissen wir nicht. Allerdings haben wir einige Mischungen probiert und diese für gut befunden.

Vogelbeerenlimonade

700 g **Vogelbeeren**
1 l **Wasser**

Die Früchte der Eberesche (Vogelbeeren)
sind roh nicht zu genießen, deshalb werden
sie zu Unrecht auch als giftig bezeichnet.
Bei entsprechender Zubereitung sind sie
allerdings vielfältig nutzbar.

Zubereitung: Die Beeren von den Stängeln abrebeln, sorgfältig waschen und 10 Minuten in kochendes Wasser geben,
den Sud weitere 10 Minuten bei schwacher Hitze ziehen lassen, danach die Beeren durch ein Sieb quetschen. Die abge-
seihte Flüssigkeit ergibt ein Getränk, das geschmacklich ein
wenig an „Bitter Lemon" erinnert. Unverdünnt eignet sich
der Sud auch zum Säuern von Soßen oder zum Einlegen von
Fleisch oder Gemüse.

Löwenzahn**wein**

Dieses Rezept ist in kleineren Mengen schwierig zu realisieren; die Reduzierung auf die Hälfte der Zutaten ist schon problematisch. Vorsicht: Vor der Einlagerung muss die Gärung eindeutig abgeschlossen sein!

4 l **Löwenzahnblüten**
(4-mal ein Litermaß gefüllt mit Blüten)
9 l **Wasser**
750 g **Honig**
42 g **Hefe** (1 Block Frischhefe)

Zubereitung: Die Löwenzahnblüten mit heißem Wasser übergießen und 3 Tage lang in einem mit einem Tuch abgedeckten Gefäß ziehen lassen, zwischenzeitlich gut durchrühren. Dann die Flüssigkeit durch ein Sieb oder Tuch abseihen, dabei den Saft aus den Blütenköpfen drücken. Die so gewonnene Flüssigkeit bis zum Siedepunkt erhitzen, den Honig einrühren, dann bei etwa 40 Grad („handwarm") die zerbröckelte Hefe unterziehen. Das Gefäß mit einem luftdurchlässigen Tuch abdecken und den Inhalt 1–2 Tage gären lassen. Nach Abschluss des Gärprozesses den Löwenzahnwein durch ein Tuch filtern, in geeignete Gefäße (Flaschen) abfüllen und 1–2 Monate kühl und dunkel reifen lassen.

Bestimmungshilfe für Wildpflanzen

Bärlauch
(*Allium ursinum*)
Wuchshöhe: 15–50 cm
Blütenfarbe: weiß
Blütezeit: April – Juni
Vorkommen: Laub- und
Mischwälder, Auwälder

Beifuß
(*Artemisia vulgaris*)
Wuchshöhe: 30–150 cm
Blütenfarbe: gelb
Blütezeit: Juli – Oktober
Vorkommen: Ödland,
Wege, Ufer, Gebüsche

Beinwell
(Symphytum officinale)
Wuchshöhe: 20–120 cm
Blütenfarbe: hellviolett bis
gelblich weiß
Blütezeit: Mai – Juni
Vorkommen: Feuchtwiesen,
Ufer, Auen- und Bruch-
wälder

Brennnessel
(Urtica dioica)
Wuchshöhe: 30–250 cm
Blütenfarbe: hellgrün
Blütezeit: Juni – Oktober
Vorkommen: Ödland,
Wald- und Wegränder,
Lichtungen, Ufer

Dost
(Origanum vulgare)
Wuchshöhe: 20–50 cm
Blütenfarbe: blassrosa
Blütezeit: Juli – Oktober
Vorkommen: Trocken-
wälder, Halbtrockenrasen
und Wegraine

Giersch
(*Aegopodium podagraria*)
Wuchshöhe: 30–100 cm
Blütenfarbe: weiß
Blütezeit: Mai – Juli
Vorkommen: Waldränder,
Gebüsche, Gärten, Park-
anlagen und Ufer

Gundermann
(*Glechoma hederacea*)
Wuchshöhe: 5–20 cm
Blütenfarbe: blau oder
rotviolett
Blütezeit: März – Juni
Vorkommen: Wiesen-, Wald-
und Uferränder, halbschattige
Standorte

Knoblauchsrauke
(*Alliaria petiolata*)
Wuchshöhe: 20–100 cm
Blütenfarbe: weiß
Blütezeit: März – Juni
Vorkommen: Brachland,
Wald- und Wegränder,
Lichtungen, Auen

Löwenzahn
(Taraxacum officinale)
Wuchshöhe: 10–30 cm
Blütenfarbe: gelb
Blütezeit: März – November
Vorkommen: Rasen,
Wiesen, Ödland, Acker- und
Wiesenraine

Sauerampfer
(Rumex acetosa)
Wuchshöhe: 30–100 cm
Blütenfarbe: rostrot
Blütezeit: Mai–Juni
Vorkommen: Feuchtwiesen,
Wald- und Wegränder,
Böschungen, Brachland

Schafgarbe
(Achillea millefolium)
Wuchshöhe: 15–60 cm
Blütenfarbe: weiß
Blütezeit: Juni – Oktober
Vorkommen: Halbtrocken-
rasen, Feldraine,
Gärten, Ödland

Taubnessel
(Lamium album)
Wuchshöhe: 20–50 cm
Blütenfarbe: weiß
Blütezeit: April – Oktober
Vorkommen: Weg- und
Waldränder, Wiesen und
Brachland

Thymian
(Thymus vulgaris)
Wuchshöhe: 10–25 cm
Blütenfarbe: hellviolett
Blütezeit: Juni – Oktober
Vorkommen: Kalkmager-
rasen, trockene, sonnige
Standorte

Wasserminze
(Mentha aquatica)
Wuchshöhe: 10–60 cm
Blütenfarbe: rosa bis lila
Blütezeit: Juli – September
Vorkommen: feuchte Orte
an Teich- und Bachrändern

Wiesenbärenklau
(*Heracleum sphondylium*)
Wuchshöhe: 30–200 cm
Blütenfarbe: weiß
Blütezeit: April – September
Vorkommen: Wiesen,
Weg- und Waldränder, Ufer
und Auenwälder

Wiesenkerbel
(*Anthriscus sylvestris*)
Wuchshöhe: 50–150 cm
Blütenfarbe: weiß
Blütezeit: April – Juli
Vorkommen: Wiesen, Gebüsche,
Waldränder und Wegraine

Wiesenschaumkraut
(*Cardamine pratensis*)
Wuchshöhe: 10–60 cm
Blütenfarbe: lila, rosa bis
weiß
Blütezeit: April – Juni
Vorkommen: Fett- und
Nasswiesen, Ufer, feuchte
Laubmischwälder und Auen

Zum Weiterlesen:
Ausgewählte Literatur

AICHELE, D., GOLTE-BECHTLE, M.: Was blüht denn da? Wildwachsende Pflanzen Mitteleuropas, Stuttgart 1997.

BENECKE, N.: Der Mensch und seine Haustiere. Die Geschichte einer jahrtausende-alten Beziehung, Stuttgart 1994.

CASELITZ, P.: Ernährungsmöglichkeiten und Essgewohnheiten prähistorischer Bevölkerungen. British Archaeological Reports International Series 314, Oxford 1986.

FANSA, M. (Red.): Experimentelle Archäologie in Deutschland. Archäologische Mitteilungen aus Nordwestdeutschland, Beih. 4, Oldenburg 1990.

FLEISCHHAUER, S. G.: Enzyklopädie der essbaren Wildpflanzen, Aarau / München 2005.

GRONENBORN, D., PETRASCH, J. (Hrsg.): Die Neolithisierung Mitteleuropas – The Spread of the Neolithic to Central Europe. RGZM-Tagungen Bd. 4, Mainz 2011.

HENSCHEL, D.: Essbare Wildbeeren und Wildpflanzen. Stuttgart 2002.

JACOMET, S., KREUZ, A.: Archäobotanik. Einführung in die Aufgaben, Methoden und Ergebnisse vegetations- und agrargeschichtlicher Forschung, Stuttgart 1999.

KÖRBER-GROHNE, U.: Nutzpflanzen in Deutschland. Kulturgeschichte und Biologie, Stuttgart 1987.

KOSCHIK, H. (Hrsg.): Brunnen der Jungsteinzeit. Internationales Symposium Erkelenz 1997, Materialien zur Bodendenkmalpflege im Rheinland 11, Köln / Bonn 1998.

LÜNING, J.: Steinzeitliche Bauern in Deutschland. Die Landwirtschaft im Neolithikum, Universitätsforschungen zur Prähistorischen Archäologie 58, Bonn 2000.

LÜNING, J. (Hrsg.): Die Bandkeramiker. Erste Steinzeitbauern in Deutschland, Rahden 2005.

PETRASCH, J.: Typologie und Funktion neolithischer Öfen in Mittel- und Südosteuropa. Acta Praehistorica et Archaeologica 18, 1986, 33–83.

PFEIFFER, A. (Hrsg.): Vom Mammutfleisch bis zur Kartoffel, Frankfurt / Main 1992.

PROBST, E.: Deutschland in der Steinzeit, München 1991.

SCHLICHTHERLE, H., WAHLSTER, B.: Archäologie in Seen und Mooren. Den Pfahlbauten auf der Spur, Stuttgart 1986.

WÄHREN, M.: Die Urgeschichte des Brotes und Gebäcks in der Schweiz. Helvetia Archaeologica 25, 1994, 75–89.

WILLAN, A.: Die große Schule des Kochens, München 1996.

Zu den Autoren

Achim Werner studierte an den Universitäten Bochum und Köln die Fächer Ur- und Frühgeschichte, Geologie und Völkerkunde. Bereits zu Beginn der 1980er-Jahre beschäftigte er sich intensiv mit Fragestellungen der zu dieser Zeit im deutschsprachigen Raum noch relativ unbekannten Experimentellen Archäologie und führte entsprechende Rekonstruktionsversuche durch. Angeleitet und nachhaltig unterstützt durch Prof. Dr. Jens Lüning konnte er u. a. Untersuchungen zu jungsteinzeitlichen Backöfen und deren modellhafter Rekonstruktion durchführen.

Das große Interesse des Publikums bei öffentlichen Veranstaltungen und Vorführungen zum Thema prähistorische Ernährung ermutigte Achim Werner, in Zusammenarbeit mit dem Theiss Verlag Stuttgart im Jahr 2007 unter dem Titel „Keltische Kochbarkeiten" eine erfolgreiche Publikation vorzulegen. 2010 folgte „Kochen durch die Epochen" und ergänzte den Themenkreis durch die Möglichkeit, eine kulinarische Zeitreise über 11 Epochen von der Steinzeit bis ins Hochmittelalter zu unternehmen. In dem jetzt vorliegenden Band „Steinzeit – Mahlzeit" kehrt Achim Werner zu seinen „lukullischen Anfängen" zurück.

Jens Dummer, geboren 1958 in Hamburg, studierte an der Kunstakademie Düsseldorf und war privater Meisterschüler von Anatol Herzfeld. Im Jahr 1981 wurde er mit dem Umweltschutzpreis der Stadt Düsseldorf ausgezeichnet. Seine Werke stellte er erfolgreich im In- und Ausland aus. Auch schrieb, gestaltete und illustrierte er mehrere Bücher. Seit 1997 ist Jens Dummer als Fachbereichsleiter Zeichnen an der Akademie für Bildende Künste NRW in Düren tätig. Seit Beginn der 1980er-Jahre unterstützte er Achim Werner bei der Durchführung von Rekonstruktionsversuchen im Bereich der Experimentellen Archäologie und bei museumspädagogisch orientierten Veranstaltungen. Diese Zusammenarbeit erweiterte Jens Dummer, indem er für mehrere wissenschaftliche Publikationen von Achim Werner die Rekonstruktionszeichnungen anfertigte und später die Kochbücher, an deren Erstellung er auch maßgeblich beteiligt war, illustrierte. Bei dem nun vorliegenden Band „Steinzeit – Mahlzeit" ist er als Co-Autor vor allem verantwortlich für die Textgestaltung, Zeichnungen und das Arrangement der Rezeptfotos.

Rezeptverzeichnis

Falls nicht ausdrücklich anders angegeben, beziehen sich die Zutatenmengen auf Gerichte für vier Personen.

Danksagung

An erster Stelle danken wir Norbert Werner († 2012) und Erika Werner (Schalks-mühle), die unsere Arbeit nicht nur finanziell unterstützt, sondern auch wohlwollend begleitet und nachhaltig gefördert haben. Dem Konrad Theiss Verlag Stuttgart, seinen Mitarbeiterinnen und Mitarbeitern, vor allem Melanie Ippach, verdanken wir eine sehr gute Betreuung und Beratung bei der Umsetzung dieses Buchprojektes; hervorheben möchten wir an dieser Stelle die langjährige hervorragende Zusammenarbeit mit Jürgen Beckedorf. Besonderer Dank geht an Wilfried Eckstein (Köln) für die Fotos der Wildpflanzen, Ausleihe von Accessoires und Beratung. Dies gilt auch für Dr. Johann Tinnes (Köln), der für die Rezeptfotos unseres Buchprojektes spezifische Nachbildungen prähistorischer Gerätschaften zur Verfügung gestellt hat, ebenso wie Horst Gohlke (Mede-Brauerei Thale). David Eichler (Köln) möchten wir danken für die Nachbearbeitung der Rezeptfotos und Hilfe bei der Covergestaltung. Ansonsten bedanken wir uns für hilfreiche Anregungen, konstruktive Kritik, Korrekturen sowie technische und moralische Unterstützungen bei: Jost Auler M. A. (Archaetopos Buchverlag Dormagen), Achim Bundschuh (Maritim Hotel Köln), Stephanie Brown (Köln), Karl-Otto Dummer († 2006), Klaus Fabritius (Köln), Catherine u. Madita Krahn (Cepona Jülich), Karl-Heinrich Terglane (Köln), Jürgen Weiner M. A. (Rhein. Amt f. Bodendenkmalpflege), Hannelore Wellstein (Köln), Max Wolters (Köln).